小6 全科 キソ まとめ

算数
国語
理科
社会
英語

文英堂

本書の使い方

この本は，小学6年生で習う英語，算数，理科，社会，国語を1冊にまとめた参考書です。ドリルや問題集を解いていて，わからないところがあったときや，学校で習った勉強を復習したいときなど，おうちでの学習に使いましょう。

ココ大事!

教科書の最重要事項が一目でわかるように，大事なことだけをまとめてあります。まずはここを読んで，単元のなかで一番大事なポイントをおさえましょう。

深めるチェック

単元の中で押さえておきたいキーワードを深く理解できるようにまとめてあります。
算数では例題をのせています。
実際に解いて理解しましょう。

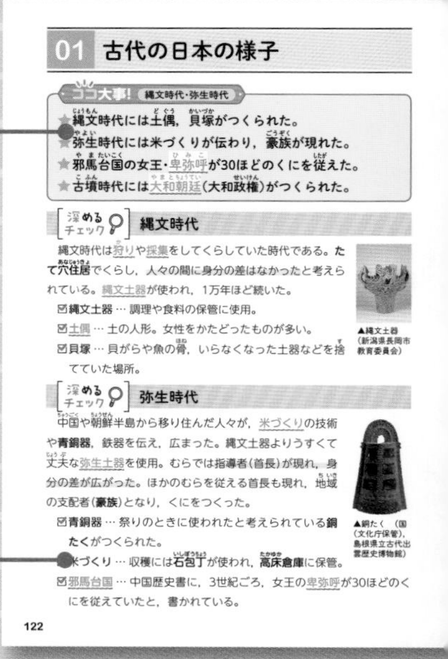

01 古代の日本の様子

ココ大事! 縄文時代・弥生時代

★縄文《じょうもん》時代には土偶《どぐう》，貝塚《かいづか》がつくられた。
★弥生《やよい》時代には米づくりが伝わり，豪族《ごうぞく》が現れた。
★邪馬台国《やまたいこく》の女王・卑弥呼《ひみこ》が30ほどのくにを従《したが》えた。
★古墳《こふん》時代には大和朝廷《やまとちょうてい》(大和政権《せいけん》)がつくられた。

深めるチェック 縄文時代

縄文時代は狩りや採集をしてくらしていた時代である。たて穴住居《あなじゅうきょ》でくらし，人々の間に身分の差はなかったと考えられている。縄文土器が使われ，1万年ほど続いた。

☑縄文土器 … 調理や食料の保管に使用。
☑土偶 … 土の人形。女性をかたどったものが多い。
☑貝塚 … 貝がらや魚の骨《ほね》，いらなくなった土器などを捨《す》てていた場所。

▲縄文土器（新潟県長岡市教育委員会）

深めるチェック 弥生時代

中国《ちゅうごく》や朝鮮《ちょうせん》半島から移り住んだ人々が，米づくりの技術や青銅器，鉄器を伝え，広まった。縄文土器よりうすくて丈夫《じょうぶ》な弥生土器を使用。むらでは指導者(首長)が現れ，身分の差が広がった。ほかのむらを従える首長も現れ，地域《ちいき》の支配者(豪族)となり，くにをつくった。

☑青銅器 … 祭りのときに使われたと考えられている銅たくがつくられた。
☑米づくり … 収穫には石包丁《いしぼうちょう》が使われ，高床倉庫《たかゆか》に保管。
☑邪馬台国 … 中国歴史書に，3世紀ごろ，女王の卑弥呼が30ほどのくにを従えていたと，書かれている。

▲銅たく （国（文化庁保管），島根県立古代出雲歴史博物館）

122

英語の各ページには，QRコードがのっています。このQRコードを読みとれば，簡単に音声を再生できます。くわしい使い方はp.008を見てください。

＋プラス＋

教科書のレベルより一歩踏み込んだ内容をとりあげています。

06 外国の文化についての表現

606

ココ大事！

深めるチェック 古墳時代

3世紀後半から，日本各地で古墳(豪族の墓)がつくられた。特に大きな古墳は奈良や大阪に多く見られ，この地域の豪族たちは強い勢力をもっていたとされる。かれらは大和朝廷(大和政権)という政府をつくり，5世紀には九州から関東までの豪族を従えた。

- ☑前方後円墳《ぜんぽうこうえんふん》…かぎ穴《あな》の形をした古墳。大阪府の大仙《だいせん》古墳など。
- ☑鉄剣《てっけん》…稲荷山《いなりやま》古墳(埼玉県)から出土。
- ☑大王《おおきみ》…大和朝廷の中心となった人物で，のちの天皇《てんのう》になった。
- ☑渡来人《とらいじん》…大陸から日本にきて，漢字や仏教などの文化を伝えた。

古墳にはいろいろな形があるよ。

＋プラス＋ 日本各地の遺跡

日本各地で古代の遺跡《いせき》がたくさん見つかっている。

▲日本各地の遺跡

思考力アップ

Q 縄文時代，弥生時代，古墳時代の人々の身分の差はどう変わったか。

A 縄文時代は狩りや採集が中心だったため，人々の間に身分の差はなかった。弥生時代になると米づくりが広まったことで指導者(首長)が現れ，力をもつ首長は豪族となった。＿＿＿＿には　　たちがさらに強い権力をもった。

123

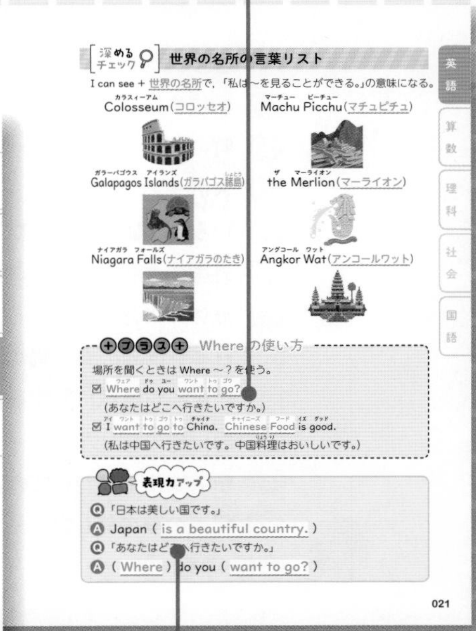

深めるチェック 世界の名所の言葉リスト

I can see ＋ 世界の名所で，「私は～を見ることができる。」の意味になる。

Colosseum《カラスィーアム》(コロッセオ)

Machu《マーチュー》 Picchu《ピーチュー》(マチュピチュ)

Galapagos《ガラーパゴウス》 Islands《アイランズ》(ガラパゴス諸島《しょとう》)

the《ザ》 Merlion《マーライオン》(マーライオン)

Niagara《ナイアガラ》 Falls《フォールズ》(ナイアガラのたき)

Angkor《アングコール》 Wat《ワット》(アンコールワット)

＋プラス＋ Where の使い方

場所を聞くときは Where ～？を使う。

☑ Where《ウェア》 do《ドゥ》 you《ユー》 want《ワント》 to《トゥ》 go《ゴウ》?
(あなたはどこへ行きたいですか。)

☑ I《アイ》 want《ワント》 to《トゥ》 go《ゴウ》 to《トゥ》 China《チャイナ》. Chinese《チャイニーズ》 Food《フード》 is《イズ》 good《グッド》.
(私は中国へ行きたいです。中国料理《りょうり》はおいしいです。)

表現力アップ

Q 「日本は美しい国です。」

A Japan (is a beautiful country.)

Q 「あなたはどこへ行きたいですか。」

A (Where) do you (want to go?)

021

赤シート

付録の赤シートで重要な部分をかくしながら，くり返し学習しましょう。

思考力アップ　表現力アップ

単元で学んだことをもとに，問題にチャレンジしましょう。

目次

本書の使い方 …… 002
英語音声の再生方法 …… 008

英語

01 自己しょうかいの学習 …… 010
02 学校生活の表現 …… 012
03 町のしょうかいについて …… 014
04 スポーツの表現 …… 016
05 いろいろな国についての表現 …… 018
06 外国の文化についての表現 …… 020
07 夏休みの思い出の話し方 …… 022
08 日本や世界の食べ物の表現 …… 024
09 生き物や地球に関する表現 …… 026
10 思い出の話し方 …… 028
11 中学校生活についての表現 …… 030
12 将来の夢の話し方 …… 032
英語コラム …… 034

算数

01 分数と整数のかけ算・わり算 …… 036
02 分数と分数のかけ算・わり算 …… 038
03 帯分数のかけ算・わり算 …… 040
04 分数と小数が混じった計算 …… 042
05 文字を使った式 …… 044
06 対称な図形 …… 046
07 拡大図と縮図 …… 048

08 円の面積の求め方 …… 050
09 角柱・円柱の体積の求め方 …… 052
10 およその面積・体積 …… 054
11 ふくざつな立体の体積 …… 056
12 比 …… 058
13 比の利用 …… 060
14 比例 …… 062
15 反比例 …… 064
16 代表値の意味と求め方 …… 066
17 度数分布表 …… 068
18 ならべ方 …… 070
19 組み合わせ方 …… 072
20 数の規則性 …… 074
算数コラム …… 076

理科

01 ものが燃える条件 …… 078
02 空気の変化 …… 080
03 水溶液の性質 …… 082
04 水溶液のはたらき …… 084
05 消化のはたらき …… 086
06 呼吸のはたらき …… 088
07 血液のはたらき …… 090
08 植物の水の通り道 …… 092
09 植物と日光とのかかわり …… 094
10 食べ物と生物のつながり …… 096
11 空気や水と生物のつながり …… 098
12 人と環境とのかかわり …… 100
13 月と太陽 …… 102

14 月の形の見え方 …… 104
15 大地のつくり …… 106
16 地層のでき方 …… 108
17 火山活動や地震と災害 …… 110
18 てこのはたらき …… 112
19 てこのつり合い …… 114
20 電気をつくる …… 116
21 電気の利用 …… 118
理科コラム …… 120

社会

01 古代の日本の様子 …… 122
02 聖徳太子と大化の改新 …… 124
03 遣唐使と奈良の都 …… 126
04 藤原道長と貴族の暮らし …… 128
05 源頼朝と鎌倉幕府 …… 130
06 足利尊氏と室町幕府 …… 132
07 信長・秀吉の全国統一 …… 134
08 縄文時代～安土桃山時代（年表） …… 136
09 徳川家康と江戸幕府 …… 138
10 町人の文化と産業の発達 …… 140
11 開国と江戸幕府の終わり …… 142
12 明治維新と文明開化 …… 144
13 大日本帝国憲法の発布 …… 146
14 第一次世界大戦と民主主義 …… 148
15 第二次世界大戦と太平洋戦争 …… 150
16 戦後復興と日本の発展 …… 152
17 平成から令和へ …… 154
18 江戸時代～令和（年表） …… 156

19 三権分立 …… 158
20 選挙のしくみと税金 …… 160
21 地方の政治のしくみ …… 162
22 震災からの復興のために …… 164
23 子育て支えんの願いを実現する政治 …… 166
24 日本国憲法と3つの柱 …… 168
25 日本とつながりの深い国々 …… 170
26 世界の未来と日本の役割 …… 172
27 国際連合と世界平和 …… 174
社会コラム …… 176

国語

01 文字の起こりと漢字の部首 …… 205
02 漢字の読み …… 203
03 漢字の書き …… 201
04 熟語の組み立て …… 199
05 類義語・対義語 …… 197
06 日本語の種類と特ちょう …… 195
07 ことわざ・慣用句・故事成語 …… 193
08 言葉の働き① …… 191
09 言葉の働き② …… 189
10 文の組み立てと文章の読み方 …… 187
11 説明文・論説文の読み取り方 …… 185
12 物語文の読み取り方 …… 183
13 詩・短歌・俳句 …… 181
14 文章の書き方 …… 179
国語コラム …… 177

※国語はうしろのページからはじまります。

英語音声の再生方法

スマートフォン・タブレットで手軽に再生！

- 英語の見開きページに1つ，QRコードを掲載しています。
- 紙面上のＱＲコードを読みとり，表示されるＵＲＬにアクセスするだけで，手軽に音声を再生できます。
- 「ココ大事！」の英文とその意味，言葉リストの英単語とその意味が読まれた音声が再生されます。
- 音声を聞いて，実際に発音してみましょう。

無料リスニングアプリで便利に再生！

音声再生用無料アプリ「シグマプレーヤー2」を使えば，音声をダウンロードしておき，オフラインでも再生できます。

SigmaPlayer2

リスニングアプリ（音声再生用）

SigmaPlayer2

無料アプリで文英堂の参考書・問題集の音声を聞くことができます。音声の速度を３段階に調整できます。

App Store, Google Playで「シグマプレーヤー」を検索！

●通信料は別途必要です。動作環境は弊社ホームページをご覧ください。●App StoreはApple Inc.のサービスマークです。●Google PlayはGoogle Inc.の商標です。

パソコンでも再生できる！

文英堂webサイト（www.bun-eido.co.jp）からMP3ファイルを一括ダウンロードできますので，スマートフォンやタブレットがなくてもパソコンで音声を聞くことができます。

・音声およびアプリは無料でご利用いただけますが，通信料金はお客様のご負担となります。
・すべての機器での動作を保証するものではありません。
・やむを得ずサービス内容に変更が生じる場合があります。
・ＱＲコードは（株）デンソーウェーブの登録商標です。

英語

01 自己しょうかいの学習

601

ココ大事!

Hello《ヘロウ》. I'm《アイム》 Kimura《キムラ》 Ken《ケン》.

（こんにちは。私《わたし》はキムラケンです。）

I《アイ》 **live**《リヴ》 **in**《イン》 Tokyo《トウキョウ》.

（私は東京**に住んでいます**。）

I《アイ》 **can**《キャン》 **run**《ラン》 fast《ファスト》.

（私は速く**走ることができます**。）

深めるチェック　自己しょうかいのしかた

自《じ》己《こ》しょうかいの時は**動きを表す言葉**を使い，自分のことについて話す。**I live in** は「私は～に住んでいます。」の意味になる。**in** のあとには，**場所**を表す言葉を言う。

can は「～できる」の意味になる。can のあとには，動きを表す言葉を言う。**fast**「速く」は文の終わりに言う。

can't［**cannot**］は「～できない」の意味になる。

☑**「～に住んでいます。」と言うとき**

● I《アイ》 live《リヴ》 in《イン》 Japan《ジャパン》.

私は　住む　に　日本

（私は日本に住んでいます。）

☑**「～できる」と言うとき**

● I《アイ》 can《キャン》 bake《ベイク》 bread《ブレッド》 well《ウェル》.

私は　できる　焼く　パンを　上手に

（私はパンを上手に焼くことができます。）

深めるチェック 動きを表す言葉リスト①

I「私は」のあとに動きを表す言葉を言う。

get《ゲット》 up《アップ》（起きる）　have《ハヴ》 lunch《ランチ》（昼食をとる）　go《ゴー》 home《ホーム》（家へ帰る）

take《テイク》 a《ア》 bath《バス》（ふろに入る）　listen《リスン》 to《トゥ》（～を聞く）　go《ゴー》 to《トゥ》 bed《ベッド》（ねる）

プラス 自分のことを話す表現

自分のことをしょうかいするとき，like「～が好き」や want「～がほしい」などを使って表す。

☑ I《アイ》 like《ライク》 baseball《ベイスボール》.
（私は野球が好きです。）

☑ I《アイ》 want《ウォント》 a《ア》 bag《バッグ》.
（私はカバンがほしいです。）

I like～や I want～のあとにはいろいろなものを言うよ。

表現力アップ

Q 「私は6時に起きます。」
A （ I get up ）at six.
Q 「私は野球を上手にすることができます。」
A （ I can play ）baseball well.

02 学校生活の表現

602

ココ大事!

I《アイ》 go《ゴウ》 to《トゥ》 Hara《ハラ》 Elementary《エレメンタリィ》 School《スクール》.
（私《わたし》は原小学校に通っています。）

I《アイ》 usually《ユージュアリィ》 play《プレイ》 the《ザ》 piano《ピアノ》.
（私はたいていピアノをひきます。）

My《マイ》 favorite《フェイヴァリット》 subject《サブジェクト》 is《イズ》 English《イングリシュ》.
（私のお気に入りの教科は英語です。）

深めるチェック 私のお気に入りの言い方

My favorite … is ～ . で「私のお気に入りの…は～です。」の意味になる。…には subject「教科」，treasure「たからもの」，place「場所」などの言葉を入れる。～には…の言葉に合わせて，お気に入りのものなどを入れる。

☑「あなたのお気に入りの～は何ですか。」とたずねるとき

● What《ワット》 is《イズ》 your《ユア》 favorite《フェイヴァリット》 treasure《トレジャー》?
何　です　あなたの　お気に入りの　たからもの
（あなたのお気に入りのたからものは何ですか。）

☑「私のお気に入りのたからものは～です。」と言うとき

● My《マイ》 favorite《フェイヴァリット》 treasure《トレジャー》 is《イズ》 the《ザ》 computer《コンピューター》.
私の　お気に入りの　たからもの　です　コンピューター
（私のお気に入りのたからものはコンピューターです。）

your（あなたの）とたずねられたらmy（私の）で答えるんだね。

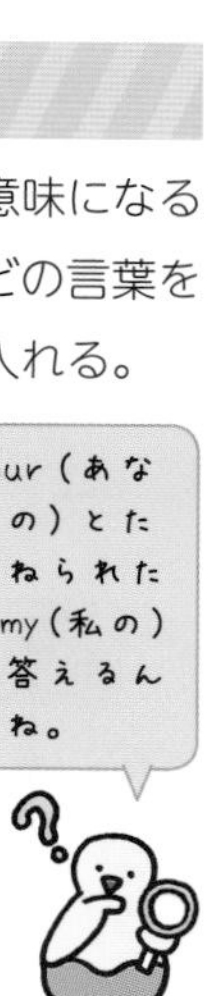

深めるチェック ひん度や回数を表す言葉リスト

always「いつも」などのひん度や回数を表す言葉は，動きを表す言葉の前に言う。

100% ← 90% ―― 70% ―― 50% → 0%

always《オールウェイズ》	usually《ユージュアリィ》	often《オフン》	sometimes《サムタイムズ》	never《ネヴァ》
(いつも)	(たいてい)	(しばしば)	(ときどき)	(決して～ない)

＋プラス＋ 日常生活の表現

「あなたは日曜日に何をしますか。」とたずねるときは，

What do you do on Sunday? で表す。

二つ目の do は「～をする」の意味。

☑ What《ワット》 do《ドゥ》 you《ユ》 usually《ユージュアリィ》 do《ドゥ》 on《オン》 Saturday《サタディ》?

(あなたはたいてい土曜日に何をしますか。)

☑ I《アイ》 play《プレイ》 soccer《サッカァ》. (私はサッカーをします。)

動きを表す言葉リスト②

study《スタディ》(勉強する)

eat《イート》(食べる)

speak《スピーク》(話す)

read《リード》(読む)

ride《ライド》(乗る)

watch《ウォッチ》(見る)

表現力アップ

Q 「あなたのお気に入りの教科は何ですか。」

A (What is your favorite) subject?

Q 「私のお気に入りの教科は理科です。」

A (My favorite subject) is science.

03 町のしょうかいについて

603

ココ大事！

We《ウィー》 have《ハヴ》 a《ア》 big《ビッグ》 castle《キャッスル》 in《イン》 our《アウァー》 town《タウン》.

（私《わたし》たちの町には大きいお城があります。）

I《アイ》 want《ワント》 a《ア》 zoo《ズー》 in《イン》 my《マイ》 town《タウン》.

（私は町に動物園がほしいです。）

Our《アウァー》 town《タウン》 is《イズ》 nice《ナイス》.

（私たちの町はすてきです。）

深めるチェック 町のしょうかいのしかた

We have ～.「私たちは～を持っています。」の意味とは別に「（私たちの町には）～があります。」の意味も表す。**want** は「ほしい」の意味になる。

☑ **「私たちの町には～があります。」と言うとき**

● We《ウイ》 have《ハヴ》 a《ア》 zoo《ズー》 in《イン》 our《アウァー》 town《タウン》.

（私たちは）　ある　動物園　に　私たちの　町

（私たちの町には動物園があります。）

☑ **「～がほしいです。」と言うとき**

● I《アイ》 want《ワント》 a《ア》 castle《キャッスル》 in《イン》 my《マイ》 town《タウン》.

私は　ほしい　城　に　私の　町

（私は町にお城がほしいです。）

☑ **「私たちの町は～です。」と言うとき**

● Our《アウア》 town《タウン》 is《イズ》 beautiful《ビューティフル》.

私たちの　町　です　美しい

（私たちの町は美しいです。）

深めるチェック 建物の言葉リスト

We have a ＋ 建物 ＋ in our town. で「私たちの町には～がある。」の意味になる。

department《ディパートゥメント》 store《ストア》（デパート）　hospital《ホスピトゥル》（病院）　museum《ミューズィアム》（博物館）

restaurant《レストラント》（レストラン）　stadium《ステイディアム》（スタジアム）　supermarket《スーパマーケット》（スーパー）

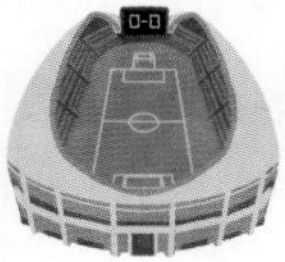

プラス ものをくわしく表す言葉の使い方

ものをくわしく表す言葉は美しい「beautiful」，大きい「big」，小さい「small」，新しい「new」，古い「old」などがある。

is, am, are のあとや名詞の前で言う。

☑ My《マイ》 bag《バッグ》 is《イズ》 big《ビッグ》.

（私のカバンは大きいです。）

☑ We《ウィー》 have《ハヴ》 a《ア》 small《スモール》 zoo《ズー》 in《イン》 our《アウァー》 town《タウン》.

（私たちの町には小さい動物園があります。）

表現力アップ

Q 「私たちの町にはスタジアムがあります。それは古いです。」

A （ We have a ） stadium （ in our town ）. It is （ old ）.

Q 「私は町に新しいレストランがほしいです。」

A （ I want a new restaurant in my town. ）

04 スポーツの表現

604

ココ大事!

What《ワット》 sports《スポーツ》 do《ドゥ》 you《ユー》 like《ライク》?
（あなたはどんなスポーツが好きですか。）

I《アイ》 like《ライク》 tennis《テニス》.
（私《わたし》はテニスが好きです。）

I《アイ》 am《アム》 good《グッド》 at《アット》 playing《プレイング》 tennis《テニス》.
（私はテニスをすることが得意です。）

I《アイ》 enjoy《エンジョイ》 tennis《テニス》 games《ゲイムズ》 on TV《オンティーヴィー》.
（私はテレビでテニスの試合を楽しみます。）

深めるチェック 好きなもののたずね方

好きなものをたずねるには **What** を使い「どんな～」の意味の文をつくる。「**good at ～ ing**」は「～をすることが得意です」の意味になる。**enjoy** は「楽しむ」の意味になる。

☑「どんな～」とたずねるとき

● What《ワット》 sports《スポーツ》 do《ドゥ》 you《ユー》 like《ライク》?
どんな　スポーツ　あなたは　好き
（あなたはどんなスポーツが好きですか。）

☑「～することが得意です。」と言うとき

● My《マイ》 aunt《アント》 is《イズ》 good《グッド》 at《アット》 skating《スケイティング》.
私の　おば　です　～が得意　スケートをすること
（私のおばはスケートをすることが得意です。）

☑「～を楽しみます。」と言うとき

● I《アイ》 enjoy《エンジョイ》 shopping《ショッピング》.（私は買いものを楽しみます。）
私は　楽しむ　買いもの

whatには「何」という意味もあるから注意しよう！

深めるチェック　スポーツの言葉リスト

好きなスポーツを言うときは，I like のあとにスポーツ名を言う。

baseball《ベイスボール》（野球）　volleyball《ヴァリボール》（バレーボール）　basketball《バスケトゥボール》（バスケットボール）

table《テイブル》 tennis《テニス》（たっ球）　track《トゥラック》 and《アンド》 field《フィールド》（陸上競技）　skiing《スキーイング》（スキー）

＋プラス＋　質問の答え方

What に対しては，Yes, No で答えず，具体的に答える。

☑ What《ワット》 sports《スポーツ》 do《ドゥ》 you《ユー》 watch《ウォッチ》? — I《アイ》 watch《ウォッチ》 baseball《ベイスボール》 games《ゲイムズ》.

（あなたはどんなスポーツを見ますか。）（私は野球の試合を見ます。）

Do you ～？に対しては，Yes, No で答える。

☑ Do《ドゥ》 you《ユー》 play《プレイ》 volleyball《ヴァリボール》?　（あなたはバレーボールをしますか。）

— Yes《イエス》, I《アイ》 do《ドゥ》. / No《ノウ》, I《アイ》 don't《ドント》.

（はい，します。／いいえ，しません。）

表現力アップ

Q 「私はテレビでサッカーの試合が見たいです。」

A （ I want to watch ） soccer games （ on TV ）.

Q 「私は走るのが得意です。」

A （ I am good at running. ）

05 いろいろな国についての表現

605

ココ大事!

What《ワット》 country《カントゥリィ》 do《ドゥ》 you《ユー》 want《ワント》 to《トゥ》 visit《ヴィズィト》?
(あなたはどんな国を訪《おとず》れたいですか。)

I《アイ》 want《ワント》 to《トゥ》 visit《ヴィズィト》 America《アメリカ》.
(私《わたし》はアメリカを訪れたいです。)

Let's《レッツ》 go《ゴウ》 to《トゥ》 America《アメリカ》 together《トゥゲザァ》.
(いっしょにアメリカへ行きましょう。)

You《ユー》 can《キャン》 eat《イート》 pizza《ピッツァ》.
(あなたはピザを食べることができます。)

深めるチェック したいことの言い方

want to ～で,「～したい」の意味になる。want to のあとには動きを表す言葉がくる。

相手をさそう「～しましょう。」と言うときは,**Let's ～ .** を使う。Let's のあとには動きを表す言葉がくる。**together** は「いっしょに」という意味。

☑「～したいですか。」とたずねるとき

● What《ワット》 subject《サブジェクト》 do《ドゥ》 you《ユー》 want《ワント》 to《トゥ》 study《スタディ》?
どんな　教科　あなたは　～したい　勉強する
(あなたはどんな教科を勉強したいですか。)

☑「～しましょう。」と言うとき

● Let's《レッツ》 play《プレイ》 tennis《テニス》 together《トゥゲザァ》.
しましょう　する　テニス　いっしょに
(いっしょにテニスをしましょう。)

深めるチェック 国名の言葉リスト

I want to visit のあとに国名がきて「私は～を訪れたい。」の意味になる。

Australia《オーストゥレイリャ》(オーストラリア)

Brazil《ブラズィル》(ブラジル)

China《チャイナ》(中国)

France《フランス》(フランス)

Germany《ジャ～マニィ》(ドイツ)

Spain《スペイン》(スペイン)

＋プラス＋ Why の使い方

なぜその国が好きなのか聞くときは Why ～？「なぜ～」を使う。

☑ Why《ワイ》 do《ドゥ》 you《ユー》 like《ライク》 China《チャイナ》?

(なぜあなたは中国が好きなのですか。)

☑ We《ウィー》 can《キャン》 see《スィ》 the《ザ》 Great《グレイト》 Wall《ウォール》 of《オヴ》 China《チャイナ》.

(私たちは万里の長城《ちょうじょう》を見ることができます。)

the《ディ》 Eiffel《アイフェル》 Tower《タウア》

(エッフェルとう)

the《ザ》 Statue《スタチュー》 of《オヴ》 Liberty《リバティ》

(自由の女神)

表現力アップ

Q 「あなたはどんな国へ行きたいですか。」

A What country (do you want to go)?

Q 「あなたはなぜオーストラリアが好きなのですか。」

A (Why do you like) Australia?

06 外国の文化についての表現

606

ココ大事!

France《フランス》 is《イズ》 a《ア》 nice《ナイス》 country《カントゥリィ》.

（フランスはいい国です。）

I《アイ》 can《キャン》 see《スィー》 the《ディ》 Eiffel《アイフェル》 Tower《タウア》.

（私《わたし》はエッフェルとうを見ることができます。）

I《アイ》 can《キャン》 buy《バイ》 cookies《クッキィズ》.

（私はクッキーを買うことができます。）

It's《イッツ》 delicious《ディリシャス》.

（それはおいしいです。）

深めるチェック 国をしょうかいする言い方

国をしょうかいするときは，**ものをくわしく表す言葉**を使い，「～は…な国です。」の意味になる文をつくる。いい「**nice**」，大きい「**large**」，美しい「**beautiful**」，安全な「**safe**」，おいしい「**delicious**」などの言葉を覚えておく。

☑「～は…な国です。」と言うとき

- Australia《オーストゥレイリャ》 is《イズ》 a《ア》 large《ラージ》 country《カントゥリィ》.
  オーストラリア　です　大きい　国
  （オーストラリアは大きい国です。）

- Italy《イタリィ》 is《イズ》 a《ア》 beautiful《ビューティフル》 country《カントゥリィ》.
  イタリア　です　美しい　国
  （イタリアは美しい国です。）

Australia
（オーストラリア）
Italy（イタリア）
など国の名前は，
大文字で始める
んだね。

深めるチェック　世界の名所の言葉リスト

I can see + 世界の名所 . で,「私は〜を見ることができる。」の意味になる。

Colosseum《カラスィーアム》(コロッセオ)

Machu《マーチュー》 Picchu《ピーチュー》(マチュピチュ)

Galapagos《ガラーパゴウス》 Islands《アイランズ》(ガラパゴス諸島《しょとう》)

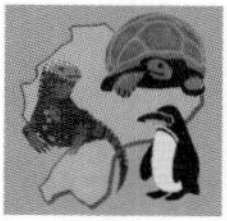

the《ザ》 Merlion《マーライオン》(マーライオン)

Niagara《ナイアガラ》 Falls《フォールズ》(ナイアガラのたき)

Angkor《アングコール》 Wat《ワット》(アンコールワット)

プラス　Whereの使い方

場所を聞くときは Where 〜？を使う。

☑ Where《ウェア》 do《ドゥ》 you《ユー》 want《ワント》 to《トゥ》 go《ゴウ》?

(あなたはどこへ行きたいですか。)

☑ I《アイ》 want《ワント》 to《トゥ》 go《ゴウ》 to《トゥ》 China《チャイナ》. Chinese《チャイニーズ》 Food《フード》 is《イズ》 good《グッド》.

(私は中国へ行きたいです。中国料理はおいしいです。)

表現力アップ

Q「日本は美しい国です。」

A Japan (is a beautiful country).

Q「あなたはどこへ行きたいですか。」

A (Where) do you (want to go)?

07 夏休みの思い出の話し方

607

ココ大事!

My《マイ》 summer《サマァ》 vacation《ヴェイケイション》 **was《ワズ》** **fun《ファン》**.
(私《わたし》の夏休みは楽しかったです。)

I《アイ》 **went《ウェント》** to《トゥ》 Kyoto《キョウト》.
(私は京都へ行きました。)

I《アイ》 **enjoyed《エンジョイド》** many《メニィ》 temples《テンプルズ》.
(私はたくさんの寺を楽しみました。)

深めるチェック　過去のことの言い方

「楽しかったです」と過去のことを言うときは **was fun** で表す。

「～でした」という過去のことは **was** で表す。

「行きます」は go で表すが,「行きました」は **went** で表す。

動きを表す言葉に **～ ed** をつけて過去の動きを表すことができる。

☑「～でした」と過去のことを言うとき

● The《ザ》 school《スクール》 trip《トゥリップ》 **was《ワズ》** **fun《ファン》**.
修学旅行　楽しかったです
(修学旅行は楽しかったです。)

☑「～へ行きました」と過去のことを言うとき

● I《アイ》 **went《ウェント》** to《トゥ》 the《ザ》 mountain《マウンテン》.
私は　行った　へ　山
(私は山へ行きました。)

● I《アイ》 **enjoyed《エンジョイド》** talking《トーキング》 with《ウィズ》 my《マイ》 teacher《ティーチァ》.
私は　楽しんだ　話すこと　と　私の　先生
(私は先生と話すことを楽しみました。)

深めるチェック 過去の動きを表す言葉リスト

see《スィー》-saw《ソー》(見る-見た)

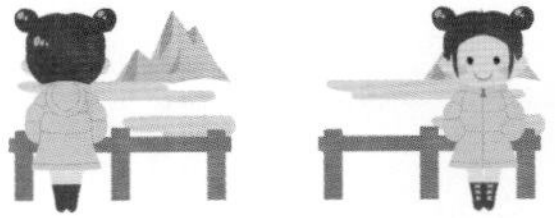

go《ゴウ》-went《ウェント》(行く-行った)

have《ハヴ》-had《ハド》(持つ-持った)

enjoy《エンジョイ》-enjoyed《エンジョイド》(楽しむ-楽しんだ)

eat《イート》-ate《エイト》(食べる-食べた)

use《ユーズ》-used《ユーズド》(使う-使った)

＋プラス＋ 「あなたは何をしましたか。」とたずねる文

「あなたは何をしましたか。」とたずねたいときは，What did you do？と言う。last ～で「前の～」という過去の時を表す意味になる。

☑ What《ワット》 did《ディド》 you《ユー》 do《ドゥ》 last《ラスト》 Saturday《サタディ》?
(あなたは先週の土曜日に何をしましたか。)

☑ I《アイ》 went《ウェント》 to《トゥ》 the《ザ》 park《パーク》.
(私は公園へ行きました。)

表現力アップ

tiger《タイガァ》

Q 「私は昨日，トラを見ました。」

A (I saw a tiger) yesterday.

Q 「あなたは先週の水曜日に何をしましたか。」

A (What did you do) last Wednesday?

08 日本や世界の食べ物の表現

608

ココ大事！

What《ワット》 did《ディド》 you《ユー》 eat《イート》?
（あなたは何を食べましたか。）

I《アイ》 ate《エイト》 potatoes《ポテイトゥズ》.
（私《わたし》はじゃがいもを食べました。）
The《ザ》 potatoes《ポテイトゥズ》 are《アー》 from《フロム》 Hokkaido《ホッカイドウ》.
（そのじゃがいもは北海道産です。）

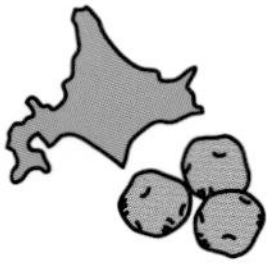

深めるチェック 「あなたは何を～しましたか。」の言い方

「あなたは何を～しましたか。」は，過去のことを表す **What did you** ～？で表す。答えるときは，動きを表す言葉に～ edをつける。または **ate**「食べた」や **had**「持った」などの過去の動きを表す言葉で答える。

「～産です」は，**is[are] from** ～で表す。

☑「あなたは何を～しましたか。」とたずねるとき

- What《ワット》《何》 did《ディド》 you《ユー》《あなたは》 eat《イート》《食べる》?
（あなたは何を食べましたか。）
- I《アイ》《私は》 ate《エイト》《食べた》 *tonkatsu*《とんかつ》.
（私はとんかつを食べました。）
- The《ザ》 pork《ポーク》《ぶた肉》 is《イズ》 from《フロム》《～産です》 Kagoshima《カゴシマ》《鹿児島》.
（そのぶた肉は鹿児島産です。）

what did you～？の答え方では，eatがateになっていることに注意しよう！

深めるチェック 日本らしい変わった食べ物の言葉リスト

green《グリーン》 tea《ティー》（緑茶）

rice《ライス》（白米）

miso《ミソ》 soup《スープ》（みそしる）

grilled《グリルド》 fish《フィシュ》（焼き魚）

rice《ライス》 cake《ケイク》（もち）

brown《ブラウン》 sugar《シュガァ》（黒糖《こくとう》）

プラス 「いかがですか」と相手に感想をたずねる文

「～はいかがですか。」は How do you like ～？で表す。
～には，食べ物や料理の名前を入れる。like「好き」や delicious「おいしい」を使って感想を言う。

- ☑ How《ハウ》 do《ドゥ》 you《ユー》 like《ライク》 Japanese《ジャパニーズ》 food《フード》?　（和食はいかがですか。）
- ☑ I《アイ》 like《ライク》 it《イット》 very《ヴェリィ》 much《マッチ》.　（私はそれがとても好きです。）
- ☑ it《イット》 is《イズ》 delicious《ディリシャス》.　（それはおいしいです。）

表現力アップ

Q 「あなたは何を食べましたか。」
A （ What did ）you （ eat ）？

Q 「私はもちを食べました。」
A I （ ate ）a rice cake.

Q 「その白米は秋田産です。」
A （ The rice is from ）Akita.

rice《ライス》 ball《ボール》

09 生き物や地球に関する表現

609

ココ大事!

Where《ウェア》 do《ドゥ》 sharks《シャークス》 live《リヴ》?
（サメはどこに住んでいますか。）

Sharks《シャークス》 live《リヴ》 in《イン》 the《ザ》 sea《スィー》.
（サメは海に住んでいます。）

深めるチェック 「〜はどこに住んでいますか。」の言い方

「〜はどこに住んでいますか。」は，**Where do 〜 live?** で表す。

「〜に住んでいます。」は **live in 〜**で答える。

☑「〜はどこに住んでいますか。」とたずねるとき

● Where《ウェア》《どこ》 do《ドゥ》 bears《ベアズ》《クマ》 live《リヴ》《住む》?
（クマはどこに住んでいますか。）

「〜に」というときはinを忘れないようにする。

☑「〜に住んでいます。」と答えるとき

● Bears《ベアズ》《クマ》 live《リヴ》《住む》 in《イン》《に》 the《ザ》 forest《フォレスト》《森》.
（クマは森に住んでいます。）

生き物たちが食べるものをたずねる表現は **What do ＋生き物＋ eat?** で表し，**生き物＋ eat 〜 .** で答える。

● What《ワット》《何》 do《ドゥ》 snakes《スネイクス》《ヘビ》 eat《イート》《食べる》?　（ヘビは何を食べますか。）

● Snakes《スネイクス》《ヘビ》 eat《イート》《食べる》 frogs《フログス》《カエル》.　（ヘビはカエルを食べます。）

深めるチェック　生き物・場所を表す言葉リスト

☑生き物を表す言葉

owl《オウル》(フクロウ)

tuna《ツーナ》(マグロ)

eagle《イーグル》(ワシ)

ant《アント》(アリ)

salmon《サモン》(サケ)

elephant《エレファント》(ゾウ)

☑ 場所をあらわす言葉

earth《ア～ス》(地球)

sea《スィー》(海)

river《リヴァ》(川)

mountain《マウンテン》(山)

savanna《サヴァナ》(サバンナ)

lake《レイク》(湖)

表現力アップ

Q 「ワシはどこに住んでいますか。」

A (Where do eagles live?)

Q 「ゾウはサバンナに住んでいます。」

A (Elephants live in the savanna.)

10 思い出の話し方

610

ココ大事!

What《ワット》 was《ワズ》 your《ユア》 best《ベスト》 memory《メモリィ》?
（あなたの最高の思い出は何でしたか。）

My《マイ》 best《ベスト》 memory《メモリィ》 was《ワズ》 our《アウァー》 school《スクール》 trip《トリップ》.
（私《わたし》の最高の思い出は修学旅行でした。）
We《ウィー》 went《ウェント》 to《トゥ》 Okinawa《オキナワ》 in《イン》 July《ジュライ》.
（私たちは7月に沖縄へ行きました。）

深めるチェック 「最高の思い出は何でしたか。」の言い方

「あなたの最高の思い出は何でしたか。」は，**What was your best memory?** で表す。「～でした」は **was** で表す。

☑「あなたの最高の思い出は何でしたか。」とたずねるとき

● What《ワット》 was《ワズ》 your《ユア》 best《ベスト》 memory《メモリィ》?
何　でした　あなたの　最高の　思い出
（あなたの最高の思い出は何でしたか。）

enjoyed（楽しんだ），saw（見た）なども使って説明しよう。

☑「私の最高の思い出は～でした。」と言うとき

● My《マイ》 best《ベスト》 memory《メモリィ》 was《ワズ》 our《アウァー》 music《ミューズィク》 festival《フェスティヴァル》.
私の　最高の　思い出　でした　音楽　祭
（私の最高の思い出は音楽祭でした。）

☑「私たちは～に…へ行きました。」と言うとき

● We《ウィー》 went《ウェント》 to《トゥ》 Tokyo《トウキョウ》 in《イン》 May《メイ》.
私たちは　行った　へ　東京　に　5月
（私たちは5月に東京へ行きました。）

深めるチェック 学校の行事を表す言葉リスト

My best memory was ＋学校の行事を表す言葉 . で「私の最高の思い出は～でした。」の意味を表す。

sports《スポーツ》 day《デイ》(運動会) school《スクール》 festival《フェスティヴァル》(学園祭) swimming《スウィミング》 meet《ミート》(水泳競技会)

field trip《フィールド トリップ》(遠足) drama《ドゥラーマ》 festival《フェスティヴァル》(学芸会) graduation《グラヂュエイション》 ceremony《セレモウニイ》(卒業式)

☑ 月を表す言葉

1月	January《ジャニュエリィ》	7月	July《ジュライ》
2月	February《フェブュラリィ》	8月	August《オーガスト》
3月	March《マーチ》	9月	September《セプテンバァ》
4月	April《エイプリル》	10月	October《オクトウバァ》
5月	May《メイ》	11月	November《ノウヴェンバァ》
6月	June《ジューン》	12月	December《ディセンバァ》

表現力アップ

Q 「私の最高の思い出は学芸会でした。」

A (My best memory was our drama festival.)

Q 「私は10月に遠足を楽しみました。」

A I enjoyed the (field trip in October).

11 中学校生活についての表現

611

ココ大事！

What《ワット》 club《クラブ》 do《ドゥ》 you《ユ》 want《ウォント》 to《トゥ》 join《ジョイン》?

（あなたはどんなクラブに入りたいですか。）

I《アイ》 want《ワント》 to《トゥ》 join《ジョイン》 the《ザ》 baseball《ベイスボール》 club《クラブ》.

（私《わたし》は野球部に入りたいです。）

深めるチェック 「あなたはどんな…に～したいですか。」の言い方

中学校生活についてたずねるとき，「あなたはどんな…に～したいですか。」は，**What … do you want to ～？**で表す。「～したい」は**want to** ～で，want to のあとには動きを表す言葉がくる。

☑「あなたはどんな…に～したいですか。」とたずねるとき

- What《ワット》 subject《サブジェクト》 do《ドゥ》 you《ユー》 want《ウォント》 to《トゥ》 study《スタディ》?
  どんな　教科　あなたは　～したい　勉強する
  （あなたはどんな教科を勉強したいですか。）
- I《アイ》 want《ウォント》 to《トゥ》 study《スタディ》 math《マス》.
  私は　～したい　勉強する　数学
  （私は数学を勉強したいです。）
- What《ワット》 sport《スポート》 do《ドゥ》 you《ユー》 want《ウォント》 to《トゥ》 play《プレイ》?
  どんな　スポーツ　あなたは　～したい　する
  （あなたはどんなスポーツがしたいですか。）
- I《アイ》 want《ウォント》 to《トゥ》 play《プレイ》 basketball《バスケットボール》.
  私は　～したい　する
  （私はバスケットボールがしたいです。）

深めるチェック　クラブを表す言葉リスト

volleyball《ヴァリボール》 club《クラブ》（バレーボール部）

tennis《テニス》 club《クラブ》（テニス部）

brass《ブラス》 band《バンド》 club《クラブ》（ブラスバンド部）

track《トゥラック》 and《アンド》 field《フィールド》 club《クラブ》（陸上部）

art《アート》 club《クラブ》（美術部）

chorus《コーラス》 club《クラブ》（合唱部）

calligraphy《カリグラフィ》 club《クラブ》（書道部）

drama《ドゥラーマ》 club《クラブ》（演《えん》劇《げき》部《ぶ》）

プラス　得意なことの言い方

「私は～することが得意です。」と話すときは I am good at ～ing. を使う。「～」には動きを表す言葉が入る。

☑ I am《アイ アム》 good《グッド》 at《アト》 running《ラニング》.　（私は走ることが得意です。）

表現力アップ

Q 「私は英語を勉強したいです。」

A （ I want to study English. ）

Q 「私は演劇部に入りたいです。」

A （ I want to join the drama club. ）

12 将来の夢の話し方

612

ココ大事！

What《ワット》 do《ドゥ》 you《ユー》 want《ウォント》 to《トゥ》 be《ビー》?
（あなたは何になりたいですか。）

I《アイ》 want《ウォント》 to《トゥ》 be《ビー》 an《アン》 astronaut《アストゥロノート》.
（私《わたし》は宇宙《うちゅう》飛行士になりたいです。）

深めるチェック 「あなたは何になりたいですか。」の言い方

将来《しょうらい》なりたい職業などについてたずねる言い方「あなたは何になりたいですか。」は，What do you want to be? で表す。

want to ～は「～したい」という意味でも使われる。

☑「あなたは将来何になりたいですか。」とたずねるとき

● What《ワット》 do《ドゥ》 you《ユー》 want《ウォント》 to《トゥ》 be《ビー》 in《イン》 the《ザ》 future《フューチァ》?
何　あなたは　～したい　なる　しょうらい
（あなたは将来何になりたいですか。）

― I《アイ》 want《ウォント》 to《トゥ》 be《ビー》 a《ア》 singer《スィンガァ》.
私　～したい　なる　歌手
（私は歌手になりたいです。）

want toのあとの
単語に注目しよう！

☑「あなたは将来何をしたいですか。」とたずねるとき

● What《ワット》 do《ドゥ》 you《ユー》 want《ウォント》 to《トゥ》 do《ドゥ》 in《イン》 the《ザ》 future《フューチァ》?
何　あなたは　～したい　する　に　しょうらい
（あなたは将来何をしたいですか。）

― I《アイ》 want《ウォント》 to《トゥ》 go《ゴウ》 to《トゥ》 Canada《キャナダ》.
私　～したい　行く　へ　カナダ
（私はカナダへ行きたいです。）

深めるチェック 職業を表す言葉リスト

I want to be a[an] 職業を表す言葉. で「私は～になりたいです。」の意味を表す。

doctor《ダクタァ》(医師)

nurse《ナ～ス》(看護師《かんごし》)

vet《ヴェット》(じゅう医《い》)

pilot《パイロト》(パイロット)

scientist《サイエンティスト》(科学者)

police《ポリース》 officer《オフィサァ》(警察官《けいさつかん》)

farmer《ファーマァ》(農家)

cook《クック》(料理人)

florist《フロ(ー)リスト》(花屋)

プラス want の使い方

want だけならば，「ほしい」という意味になる。

☑ What《ワット》 do《ドゥ》 you《ユー》 want《ウォント》?　(あなたは何がほしいですか。)

表現力アップ

Q 「私は科学者になりたいです。」

A (I want to be a scientist).

Q 「私は本がほしいです。」

A (I want a book.)

英語コラム

～和製英語とカタカナ語～

日本語の中には，英語のようですが，日本人が英語などの外国語をもとにして作った言葉があります。それを和製英語といいます。カタカナで表記されているので，英語だと思いがちですが，実は日本でしか通じない和製英語がたくさんあります。

例えば，外国でフライドポテトを食べたいと思って，「フライドポテト」と言っても通じません。正しくはfrench friesです。

身近な和製英語と正しいチェックしてを見てみましょう。

和製英語	正しい英語
フライドポテト	french《フレンチ》 fries《フライズ》
ショートケーキ	strawberry《ストロベリィ》 sponge《スポンジ》 cake《ケイク》
ココア	hot《ホット》 chocolate《チョコレィト》
リュックサック	backpack《バックパック》
ペットボトル	plastic《プラスティック》 bottles《ボトルズ》
ガソリンスタンド	gas《ガス》 station《ステイション》

他にも，日本語と英語では読みが異《こと》なる単語があります。それをカタカナ語と言います。

身近なカタカナ語と正しい英語をチェックしてみましょう。

カタカナ語	正しい英語
セーター	sweater《スウェター》
ラジオ	radio《レィディオ》

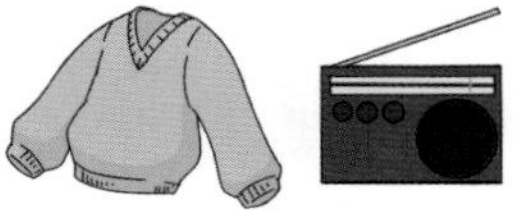

算数

01 分数と整数のかけ算・わり算

ココ大事!

★分数×整数の計算　$\frac{b}{a}\times c=\frac{b\times c}{a}$

★分数÷整数の計算　$\frac{b}{a}\div c=\frac{b}{a\times c}$

深めるチェック　真分数・仮分数と整数のかけ算

☑分母はそのままにして，分子に整数をかけて計算する。計算のとちゅうで約分できる時は，約分すると，計算が簡単《かんたん》になる。

例題　次の計算をしなさい。

(1) $\frac{2}{11}\times 3$　(2) $\frac{5}{4}\times 2$

解き方　(1) $\frac{2}{11}\times 3=\frac{2\times 3}{11}=\frac{6}{11}$

(2) $\frac{5}{4}\times 2=\frac{5\times \cancel{2}^{1}}{\cancel{4}_{2}}=\frac{5}{2}=2\frac{1}{2}$

答え　(1) $\frac{6}{11}$　(2) $2\frac{1}{2}$

深めるチェック　帯分数と整数のかけ算

☑帯分数を仮分数になおしてから計算する。

例題　$1\frac{3}{4}\times 2$ を計算しなさい。

解き方　$1\frac{3}{4}$ を仮分数になおすと $\frac{7}{4}$ になる。

$1\frac{3}{4}\times 2=\frac{7}{4}\times 2=\frac{7\times \cancel{2}^{1}}{\cancel{4}_{2}}=\frac{7}{2}=3\frac{1}{2}$

答え　$3\frac{1}{2}$

深めるチェック　真分数・仮分数と整数のわり算

☑分子はそのままにして，分母に整数をかけて計算する。

例題 次の計算をしなさい。

(1) $\frac{5}{6}\div2$　(2) $\frac{3}{2}\div7$

解き方 (1) $\frac{5}{6}\div2=\frac{5}{6\times2}=\frac{5}{12}$　(2) $\frac{3}{2}\div7=\frac{3}{2\times7}=\frac{3}{14}$

答え (1) $\frac{5}{12}$　(2) $\frac{3}{14}$

深めるチェック　帯分数と整数のわり算

☑帯分数を仮分数になおしてから計算する。

例題 $2\frac{5}{8}\div7$を計算しなさい。

解き方 $2\frac{5}{8}$ を仮分数になおすと $\frac{21}{8}$ になるから，

$2\frac{5}{8}\div7=\frac{21}{8}\div7=\frac{21}{8\times7}=\frac{3}{8}$

答え $\frac{3}{8}$

思考力アップ

計算のとちゅうで約分できる時は，約分しよう！

Q 次の計算をしなさい。

(1) $2\frac{5}{12}\times3\div2$　(2) $1\frac{2}{3}\div10\times2$

解き方 (1) $2\frac{5}{12}\times3\div2=\frac{29\times3}{12\times2}=\frac{29}{8}=3\frac{5}{8}$

(2) $1\frac{2}{3}\div10\times2=\frac{5\times2}{3\times10}=\frac{1}{3}$

A (1) $3\frac{5}{8}$　(2) $\frac{1}{3}$

02 分数と分数のかけ算・わり算

ココ大事!

★分数×分数の計算　$\dfrac{b}{a}\times\dfrac{d}{c}=\dfrac{b\times d}{a\times c}$

★分数÷分数の計算　$\dfrac{b}{a}\div\dfrac{d}{c}=\dfrac{b\times c}{a\times d}$

深めるチェック　真分数・仮分数のかけ算

☑**真分数・仮分数のかけ算**では，分母どうし，分子どうしをかけて計算する。計算のとちゅうで約分できる時は約分すると計算が簡単《かんたん》になる。

例題 次の計算をしなさい。

(1) $\dfrac{5}{7}\times\dfrac{2}{3}$　(2) $\dfrac{6}{5}\times\dfrac{3}{4}$

解き方 (1) $\dfrac{5}{7}\times\dfrac{2}{3}=\dfrac{5\times 2}{7\times 3}=\dfrac{10}{21}$　(2) $\dfrac{6}{5}\times\dfrac{3}{4}=\dfrac{\overset{3}{\cancel{6}}\times 3}{5\times\underset{2}{\cancel{4}}}=\dfrac{9}{10}$

答え (1) $\dfrac{10}{21}$　(2) $\dfrac{9}{10}$

深めるチェック　真分数・仮分数のわり算

☑**真分数・仮分数のわり算**では，わる数の逆数《ぎゃくすう》をかけて計算する。

例題 次の計算をしなさい。

(1) $\dfrac{4}{9}\div\dfrac{5}{2}$　(2) $\dfrac{2}{3}\div\dfrac{7}{6}$

解き方 (1) $\dfrac{4}{9}\div\dfrac{5}{2}=\dfrac{4\times 2}{9\times 5}=\dfrac{8}{45}$　(2) $\dfrac{2}{3}\div\dfrac{7}{6}=\dfrac{2\times\overset{2}{\cancel{6}}}{\underset{1}{\cancel{3}}\times 7}=\dfrac{4}{7}$

答え (1) $\dfrac{8}{45}$　(2) $\dfrac{4}{7}$

深めるチェック 分数のかけ算を使った図形の問題

☑辺の長さが分数の時も，面積の公式が使える。

例題 次の三角形の面積を求めなさい。

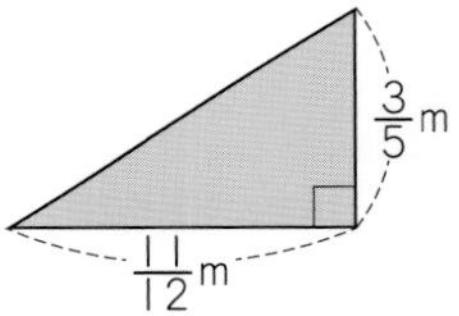

解き方 **三角形の面積＝底辺×高さ÷2**だから，

$$\frac{11}{12}\times\frac{3}{5}\div 2=\frac{11}{12}\times\frac{3}{5}\times\frac{1}{2}=\frac{11}{40}$$

答え $\frac{11}{40}$ m^2

深めるチェック 分数のわり算を使った文章問題

例題 $\frac{3}{4}$Lのお茶がある。お茶を湯のみ1ぱいあたり$\frac{1}{8}$Lずつ入れると，何ばいの湯のみに入れることができるか。

解き方 **いくつ分＝全体の量÷単位量あたりの大きさ**だから，

$$\frac{3}{4}\div\frac{1}{8}=\frac{3\times 8}{4\times 1}=6$$

答え 6ぱい

思考力アップ

Q $\frac{2}{3}\times\frac{4}{5}\div\frac{7}{5}$を計算しなさい。

解き方 $\frac{2}{3}\times\frac{4}{5}\div\frac{7}{5}=\frac{2\times 4\times 5}{3\times 5\times 7}=\frac{8}{21}$

A $\frac{8}{21}$

03 帯分数のかけ算・わり算

ココ大事!

★**帯分数のかけ算・わり算では，帯分数を仮分数になおしてから計算する。**

深めるチェック　帯分数のかけ算・わり算

☑**帯分数のかけ算・わり算**では，帯分数を仮分数になおしてから計算する。

例題 次の計算をしなさい。

(1) $2\frac{4}{7}\times1\frac{3}{11}$　(2) $1\frac{5}{8}\div2\frac{1}{6}$

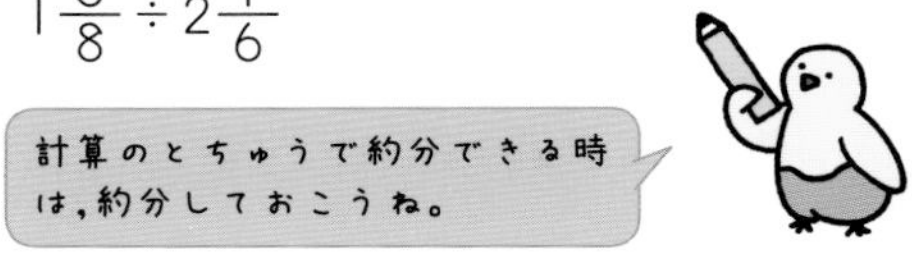

解き方

(1) $2\frac{4}{7}$，$1\frac{3}{11}$ を仮分数になおすとそれぞれ $\frac{18}{7}$，$\frac{14}{11}$ になるから，

$$2\frac{4}{7}\times1\frac{3}{11}=\frac{18}{7}\times\frac{14}{11}=\frac{18\times\cancel{14}^{2}}{{}_{1}\cancel{7}\times11}=\frac{36}{11}=3\frac{3}{11}$$

(2) $1\frac{5}{8}$，$2\frac{1}{6}$ を仮分数になおすとそれぞれ $\frac{13}{8}$，$\frac{13}{6}$ になるから，

$$1\frac{5}{8}\div2\frac{1}{6}=\frac{13}{8}\div\frac{13}{6}$$

$$=\frac{13}{8}\times\frac{6}{13}=\frac{{}^{1}\cancel{13}\times\cancel{6}^{3}}{{}_{4}\cancel{8}\times\cancel{13}_{1}}=\frac{3}{4}$$

答え (1) $3\frac{3}{11}$　(2) $\frac{3}{4}$

深めるチェック 帯分数を使った図形の問題

例題 右の平行四辺形の面積を求めなさい。

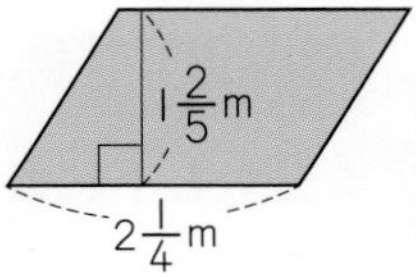

解き方 **平行四辺形の面積＝底辺×高さ**だから，

$$2\frac{1}{4}\times 1\frac{2}{5}=\frac{9}{4}\times\frac{7}{5}=\frac{9\times 7}{4\times 5}=\frac{63}{20}=3\frac{3}{20}$$

答え $3\frac{3}{20}$ m^2

深めるチェック 帯分数を使った文章問題

例題 そうたさんは毎日$\frac{4}{7}$Lのジュースを飲む。$2\frac{6}{7}$Lのジュースがなくなるのに何日かかるか答えなさい。

解き方 **単位量あたりの大きさ＝全体の量÷いくつ分**だから，

いくつ分＝全体の量÷単位量あたりの大きさ

$$2\frac{6}{7}\div\frac{4}{7}=\frac{20}{7}\times\frac{7}{4}=\frac{\overset{5}{\cancel{20}}\times\overset{1}{\cancel{7}}}{\underset{1}{\cancel{7}}\times\underset{1}{\cancel{4}}}=5$$

答え 5日

思考力アップ

Q 次の計算をしなさい。

$$2\frac{5}{8}\times\frac{5}{7}\div 3\frac{1}{3}$$

解き方 $2\frac{5}{8}=\frac{21}{8}$，$3\frac{1}{3}=\frac{10}{3}$ だから，

$$2\frac{5}{8}\times\frac{5}{7}\div 3\frac{1}{3}=\frac{21}{8}\times\frac{5}{7}\div\frac{10}{3}=\frac{21}{8}\times\frac{5}{7}\times\frac{3}{10}$$

$$=\frac{\overset{3}{\cancel{21}}\times\overset{1}{\cancel{5}}\times 3}{8\times\underset{1}{\cancel{7}}\times\underset{2}{\cancel{10}}}=\frac{9}{16}$$

A $\frac{9}{16}$

04 分数と小数が混じった計算

ココ大事!

★**分数と小数の混じった計算では，小数を分数に表して計算する。**

深めるチェック　小数を分数に表す方法

☑ $0.1=\frac{1}{10}$，$0.01=\frac{1}{100}$ であることを利用する。

例題　次の小数を分数に表しなさい。

（1）0.7　　（2）0.09

解き方　（1）$0.1=\frac{1}{10}$ **なので**，$0.7=\frac{7}{10}$

（2）$0.01=\frac{1}{100}$ **なので**，$0.09=\frac{9}{100}$

答え　（1）$\frac{7}{10}$　　（2）$\frac{9}{100}$

深めるチェック　分数に表して計算

☑分数と小数，整数が混じった計算では，小数と整数を分数**に表して**計算する。

例題　次の計算をしなさい。

（1）$0.27\times\frac{1}{9}$　　（2）$\frac{2}{15}\div0.9$

解き方　小数を分数に表して計算する。

（1）$0.27=\frac{27}{100}$ だから，$\frac{27}{100}\times\frac{1}{9}=\frac{3}{100}$

（2）$0.9=\frac{9}{10}$ だから，$\frac{2}{15}\div\frac{9}{10}=\frac{2}{15}\times\frac{10}{9}=\frac{4}{27}$

答え　（1）$\frac{3}{100}$　　（2）$\frac{4}{27}$

＋プラス＋ 3つ以上の数の計算

小数や分数が混じった3つ以上の数の計算も，**小数を分数**に表して計算する。

例 $\frac{1}{3}\times0.7\times0.9$の計算

$0.7=\frac{7}{10}$，$0.9=\frac{9}{10}$だから，すべて分数に表して計算すると，

$\frac{1}{3}\times0.7\times0.9=\frac{1}{3}\times\frac{7}{10}\times\frac{9}{10}=\frac{21}{100}$

例題 次の計算をしなさい。

$\frac{2}{3}\div0.36\times0.45$

解き方 **すべて分数に表して計算する。**

$0.36=\frac{36}{100}=\frac{9}{25}$，$0.45=\frac{45}{100}=\frac{9}{20}$となるので，

$\frac{2}{3}\div0.36\times0.45=\frac{2}{3}\div\frac{9}{25}\times\frac{9}{20}=\frac{2}{3}\times\frac{25}{9}\times\frac{9}{20}=\frac{5}{6}$

答え $\frac{5}{6}$

思考力アップ

Q 次の計算をしなさい。

(1) $\frac{1}{3}\times0.6+\frac{9}{10}\div\frac{1}{2}$

(2) $\frac{1}{2}\div\frac{3}{8}\times0.3-0.25\times\frac{4}{5}$

解き方 (1) $\frac{1}{3}\times\frac{6}{10}+\frac{9}{10}\times\frac{2}{1}=\frac{1}{5}+\frac{9}{5}=\frac{10}{5}=2$

(2) $\frac{1}{2}\times\frac{8}{3}\times\frac{3}{10}-\frac{25}{100}\times\frac{4}{5}=\frac{2}{5}-\frac{1}{5}=\frac{1}{5}$

A (1) 2 (2) $\frac{1}{5}$

05 文字を使った式

ココ大事!

★x や a のような文字を使って，数や量を表すことができる。

深めるチェック　文字を使って数量を表す

例題 1本100円のえん筆を x 本買った時の代金を求める式を答えなさい。

解き方 えん筆を1本買う時の代金は，100×1(円)。

2本買う時は，100×2(円)。同じように考えて，x 本買う時の代金は，100× x (円)となる。

答え 100× x (円)

深めるチェック　2つの量の関係を表した式

☑**ともなって変わる2つの量の関係**は，x や y などの文字を使って表すことができる。

例題 正方形の1辺の長さを x (cm)，まわりの長さを y (cm)とする時，x と y の関係を表す式を答えなさい。

解き方

1辺の長さ	まわりの長さ
1cm	1×4(cm)
2cm	2×4(cm)
3cm	3×4(cm)

1辺の長さが $x$cm の正方形のまわりの長さは，x×4で表される。

だから，$y = x \times 4$

答え $y = x \times 4$

深めるチェック 式が表す量を求める

例題 1本 a 円の赤ペンと，1冊《さつ》 b 円のノートがあります。次の式は何の代金を表しているか答えなさい。

（1）$a \times 5$　（2）$a \times 3 + b \times 4$

答え（1）赤ペン5本分の代金

（2）赤ペン3本と，ノート4冊の合計の代金

深めるチェック x にあてはまる数を求める

☑ x の数の求め方は次のようになる。

$x + \bigcirc = \triangle$ → $\boldsymbol{x = \triangle - \bigcirc}$

$x \times \bigcirc = \triangle$ → $\boldsymbol{x = \triangle \div \bigcirc}$

例題 x にあてはまる数を求めなさい。

（1）$x + 3 = 5$　（2）$x \times 4 = 12$

解き方（1）$x = 5 - 3 = 2$　（2）$x = 12 \div 4 = 3$

答え（1）2　（2）3

思考力アップ

Q 1つのふくろに a 個ずつあめを入れていくと，ふくろが4つできた。

（1）すべてのあめの個数を表す式を答えなさい。

（2）すべてのあめの個数が28個の時，a にあてはまる数はいくつか。

解き方（1）（すべてのあめの個数）

＝（1ふくろあたりのあめの個数）×（ふくろの数）

$= a \times 4$

（2）$a \times 4 = 28$ となるから，$a = 28 \div 4 = 7$

A（1）$a \times 4$　（2）7

06 対称な図形

ココ大事!

★**1本の直線を折り目にして折り，ぴったり重なる図形を線対称《せんたいしょう》な図形という。**

★**1つの点を中心に180°回転して，ぴったり重なる図形を点対称《てんたいしょう》な図形という。**

深めるチェック　線対称な図形

☑**対称の軸《じく》**… 線対称な図形の折り目になる直線。

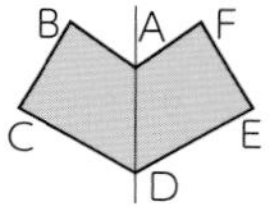

例題 右の図形は直線 AD を対称の軸とする線対称な図形である。次の点，線分，角に対応する点，線分，角をそれぞれ答えなさい。（1）点B　（2）線分 AB　（3）角E

解き方 対称の軸で折った時に，重なるところを見つける。

答え（1）点F　（2）線分 AF　（3）角C

深めるチェック　線対称な図形の性質

☑対応する2つの点をつなぐ直線は，**対称の軸**と垂直《すいちょく》に交わる。

☑対称の軸と対応する2つの点をつなぐ直線が交わる点から，対応する点までのそれぞれの長さは等しい。

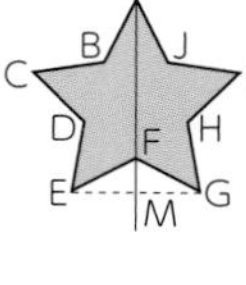

例題 右の図形は直線 AF を対称の軸とする線対称な図形である。直線 AF と直線 EG は[㋐]に交わり，線分 EM と線分 GM の長さは[㋑]。㋐，㋑にあてはまる言葉を答えなさい。

答え ㋐対応する点をつなぐ直線は，対称の軸と垂直に交わる。
㋑交わる点から対応する点までの長さは等しい。

深めるチェック　点対称な図形

☑**対称の中心** … 点対称な図形で，中心になる点。

例題 右の図形は点Oを対称の中心とする点対称な図形である。次の点，線分，角に対応する点，線分，角をそれぞれ答えなさい。

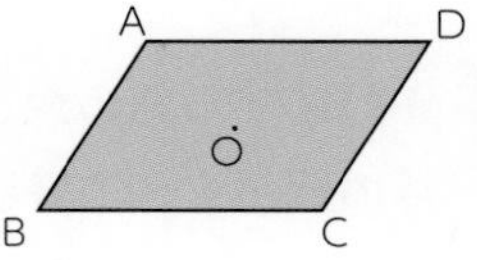

(1) 点A　(2) 線分CD　(3) 角B

解き方 対称の中心Oのまわりに180°回転した時，重なり合うところを見つける。

答え (1) 点C　(2) 線分AB　(3) 角D

深めるチェック　点対称な図形の性質

☑対称の中心から対応する2つの点までの長さは等しい。

例題 右の図形は点Oを対称の中心とする点対称な図形である。長さの等しい線分をそれぞれ答えなさい。

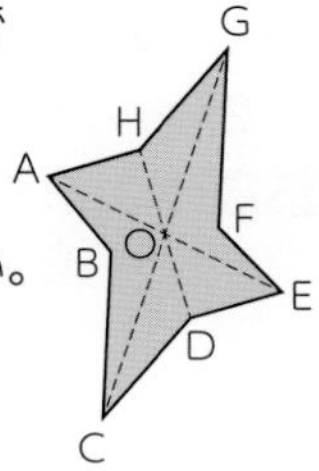

(1) 線分OA　(2) 線分OC

解き方 対称の中心と対応する点を結ぶ線分の長さは等しい。

答え (1) 線分OAと長さが等しいのは，線分OE
(2) 線分OCと長さが等しいのは，線分OG

思考力アップ

Q 次の図形から，(1)線対称な図形，(2)点対称な図形をそれぞれ選びなさい。

㋐　㋑　㋒　㋓　㋔

A (1) ㋐，㋓　(2) ㋑，㋔

07 拡大図と縮図

ココ大事!

★**対応する角の大きさがそれぞれ等しく，対応する辺の長さの比がすべて等しくなるように大きくした図を拡大《かくだい》図《ず》，小さくした図を縮《しゅく》図《ず》という。**

★**縮図上での長さ÷縮尺《しゅくしゃく》＝実際の長さ**

深めるチェック　拡大図と縮図

☑**拡大図**や**縮図**では，対応する角の大きさがそれぞれ等しく，対応する辺の長さの比がそれぞれ等しい。

例題 右の図の㋐は，㋑の拡大図である。

（1）辺 BC と辺 EF の長さの比を答えなさい。

（2）角 A と大きさの等しい角を答えなさい。

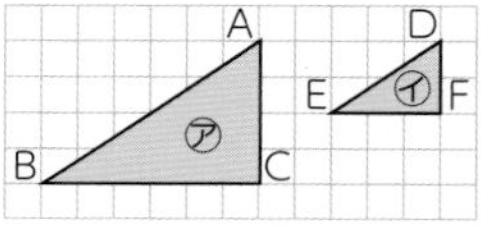

解き方（1）辺 BC と辺 EF の長さの比は，6：3＝2：1

（2）角 A と対応するのは角 D

答え（1）2：1　（2）角 D

深めるチェック　拡大図と縮図のかき方

☑角の大きさはそのままで，辺の長さを何倍かすることによって，拡大図や縮図をかくことができる。

例題 三角形 ABC の2倍の拡大図，三角形 ADE をかく。三角形 ADE のかき方を答えなさい。

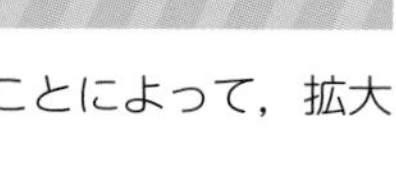

答え 辺 AB, 辺 AC の長さをそれぞれ2倍して点Dと点 E をとり，点A，点D，点 E を結ぶ。三角形 ADE が三角形 ABC の2倍の拡大図になる。

深めるチェック 縮図の利用

☑**縮尺** … 実際の長さを縮《ちぢ》めた割合《わりあい》。

例題 右の図は，ある土地とその中にある建物の縮図で，縮尺は$\frac{1}{3000}$である。

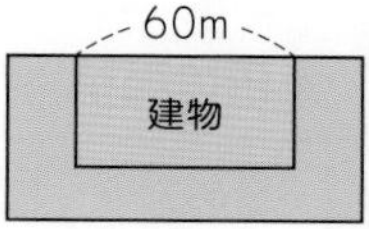

（1）建物の横の長さ60m は，縮図の上では何 cm か。

（2）縮図の上での4cm は，実際には何 m か。

解き方（1）60m は6000cm なので，$6000\times\frac{1}{3000}=2$

（2）$4\div\frac{1}{3000}=4\times3000=12000$ → 120m

答え（1）2cm　（2）120m

プラス 地形図

測量や地図記号をもとにして，地形を表したものを地形図《ちけいず》という。縮尺が2万5千分の1や5万分の1の地形図があり，国土交通省の国土地理院が発行している。

思考力アップ

Q 右の図のような長方形の，縮尺$\frac{1}{500}$の縮図をかいた時，縮図の上での面積は，何cm^2になるか。

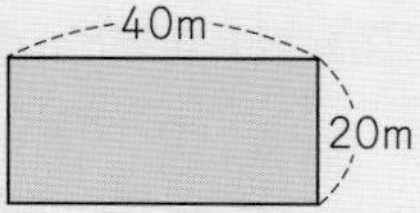

解き方 40m=4000cm である。縮図の上での横の長さは，

$4000\times\frac{1}{500}=8$，縦《たて》の長さは，$2000\times\frac{1}{500}=4$となる。

縮図の上での面積は，$8\times4=32$

A $32cm^2$

08 円の面積の求め方

ココ大事!

★**円の面積** ＝ 半径×半径×3.14

深めるチェック 円の面積

☑**円の面積＝**半径×半径×3.14

例題 次の円の面積を求めなさい。

（1）半径2cm の円　　　　（2）直径8cm の円

解き方（1）2×2×3.14＝12.56

（2）半径は8÷2＝4(cm)だから，円の面積は，

4×4×3.14＝50.24

答え（1）12.56cm^2　（2）50.24cm^2

深めるチェック おうぎ形の面積

☑**おうぎ形の面積**は，円の面積を何等分したものかを考えて求める。

例題 次の図の面積を求めなさい。

（1）

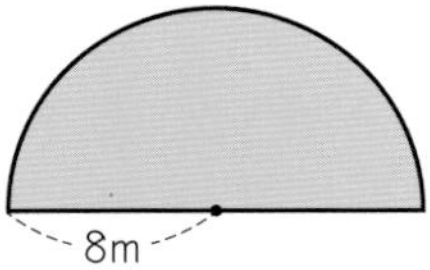

（2）

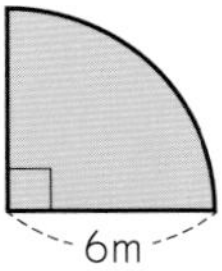

解き方（1）半径8m の円を2等分したものだから，

8×8×3.14÷2＝100.48

（2）半径6m の円を4等分したものだから，

6×6×3.14÷4＝28.26

答え（1）100.48m^2　（2）28.26m^2

深めるチェック くふうして面積を求める

☑**円や四角形の面積の差**を利用する。

例題 次の図で，色のついた部分の面積を求めなさい。

（1）

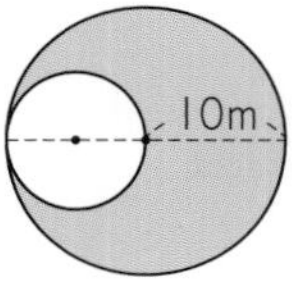

（2）

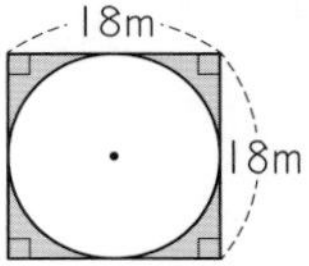

解き方 （1）大きい円の面積から小さい円の面積をひけばよい。

小さい円の半径は，$10\div2=5$(m)だから，

$10\times10\times3.14-5\times5\times3.14=235.5$

（2）正方形の面積から円の面積をひけばよい。円の半径は，

$18\div2=9$(m)だから，$18\times18-9\times9\times3.14=69.66$

答え （1）235.5m^2　（2）69.66m^2

プラス 円周率

どんな円でも，円周を直径でわると3.14…となり，この一定の値《あたい》3.14…を円周率《えんしゅうりつ》という。中学から学ぶ「数学」では，円周率をギリシャ文字のπ（パイ）で表す。

思考力アップ

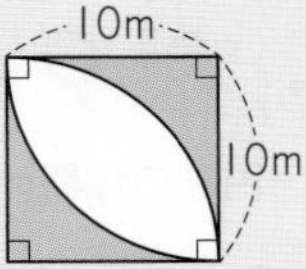

Q 右の図で，色のついた部分の面積を求めなさい。

解き方 正方形の面積からおうぎ形の面積をひいたもの2つ分と考える。

$(10\times10-10\times10\times3.14\div4)\times2=43$

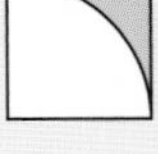
の面積が2つ分

A 43m^2

09 角柱・円柱の体積の求め方

ココ大事!

★**角柱の体積** ＝ 底面積《ていめんせき》×高さ

★**円柱の体積** ＝ 底面積×高さ

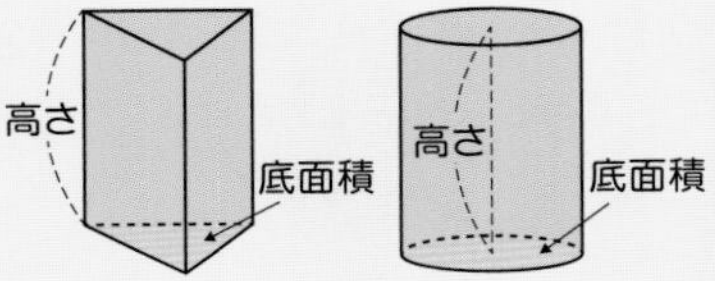

深めるチェック 角柱の体積

☑**角柱の体積＝**底面積×高さ

例題 次の角柱の体積を求めなさい。

(1)

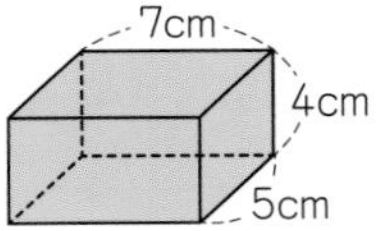

(2)

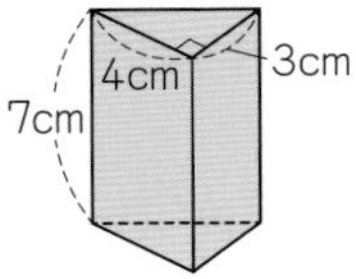

解き方 (1) 底面積＝5×7＝35(cm^2)，高さは4cm だから，

体積＝35×4＝140

(2) 底面積＝4×3÷2＝6(cm^2)，高さは7cm だから，

体積＝6×7＝42

答え (1) 140cm^3 (2) 42cm^3

深めるチェック 円柱の体積

☑**円柱の体積＝**底面積×高さ

例題 右の図の，円柱の体積を求めなさい。

解き方 底面は半径4cm の円で，高さは8cm だから，

体積＝(4×4×3.14)×8＝401.92

答え 401.92cm^3

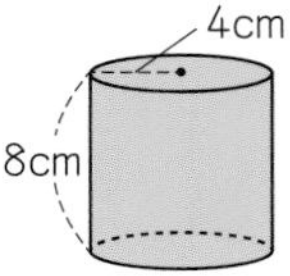

深めるチェック 展開図から体積を求める

例題 右の展開《てんかい》図《ず》を組み立てた時にできる立体の体積を求めなさい。

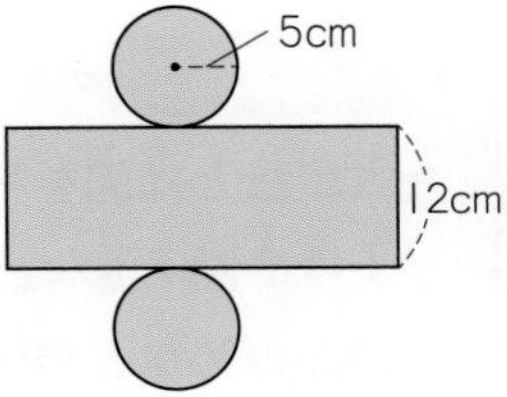

解き方 展開図を組み立てると，円柱ができる。
底面は半径5cmの円で，高さは12cmだから，
体積＝(5×5×3.14)×12＝942

答え 942cm³

プラス 四角すいの体積

右の図のような立体を四角すいという。

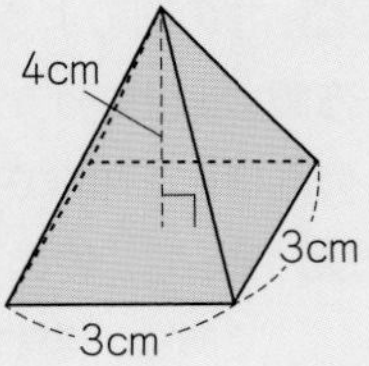

●**四角すいの体積＝底面積×高さ×$\frac{1}{3}$**

例題 右の図のような，底面が正方形の四角すいの体積を求めなさい。

解き方 底面は1辺が3cmの正方形で，
高さは4cmだから，
体積＝(3×3)×4×$\frac{1}{3}$＝12

答え 12cm³

思考力アップ

Q 右の図のように，底面が台形の四角柱がある。この四角柱の体積を求めなさい。

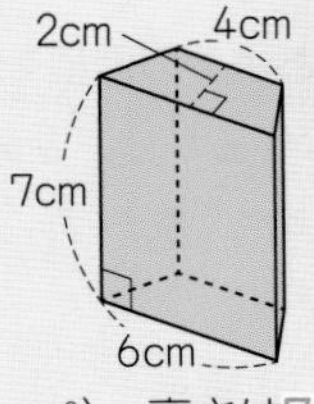

解き方 底面積は，
(4+6)×2÷2＝10(cm²)，高さは7cmだから，
体積＝10×7＝70

A 70cm³

10 およその面積・体積

ココ大事！

★方眼紙と縮図《しゅくず》を利用したり，およその形をとらえたりして，土地や湖，池などのおよその面積を求めることができる。

★かんづめなどの体積，コップなどの容積は，およその形をとらえて，およその体積・容積を求めることができる。

深めるチェック　方眼紙を利用した，およその面積

例題 右の図のような土地がある。

方眼の1目もりを10m として，土地のおよその面積を求めなさい。

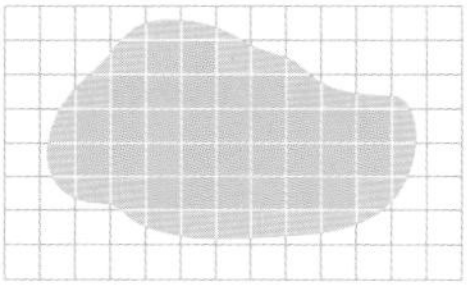

は　の半分と考える。

解き方 は31個あり，1つの面積は100m²である。まわりのは32個あり，1個で100m²の半分である50m²と考える。

だから，土地のおよその面積は，$100\times31+50\times32=4700$

答え 約4700m²

深めるチェック　形をとらえた，およその面積

例題 右の図のような湖がある。

この湖を円とみなして，およその面積を求めなさい。

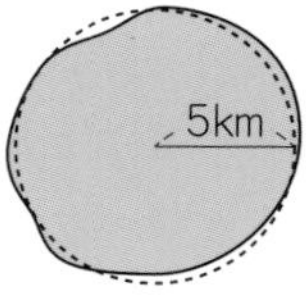

解き方 半径5km の円とみなせるから，湖のおよその面積は，$5\times5\times3.14=78.5$

答え 約78.5km²

深めるチェック　およその体積

例題　右の図のようなかんづめを円柱とみなして，およその体積を求めなさい。

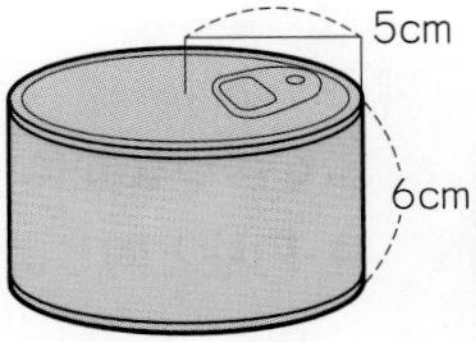

解き方　底面の半径が5cm，高さが6cm の円柱とみなせるから，およその体積は，
(5×5×3.14)×6＝471

答え　約471cm^3

深めるチェック　およその容積

例題　右の図のようなコップがある。
このコップを円柱とみなして，およその容積を求めなさい。

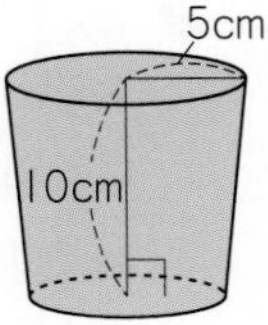

解き方　底面の半径が5cm，高さが10cm の円柱とみなせるから，およその容積は，
(5×5×3.14)×10＝785

答え　約785cm^3

思考力アップ

Q　右の図のようなケーキのおよその体積を求めたい。
（1）ケーキをどのような立体とみなすとよいか。
（2）ケーキのおよその体積を求めなさい。

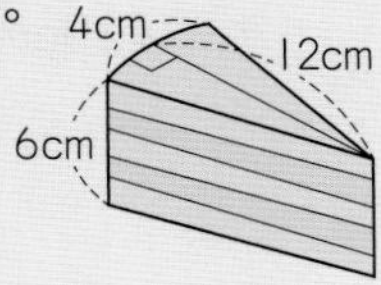

解き方　（1）三角柱とみなせばよい。
（2）(4×12÷2)×6＝144

A　（1）三角柱　（2）約144cm^3

11 ふくざつな立体の体積

ココ大事!

★ふくざつな立体でも，どれかの面をうまく底面にとると，角柱･円柱と同じように体積を求められることがある。

★この時，体積は底面積《ていめんせき》×高さで求められる。

深めるチェック ふくざつな角柱の体積

例題 右の図１の立体の体積を，底面積×高さの式を使って求めなさい。

解き方 図2を底面にした角柱だと考える。

底面積は，4×4+3×7=37

高さは7cm だから，

この立体の体積は，

37×7=259

図１

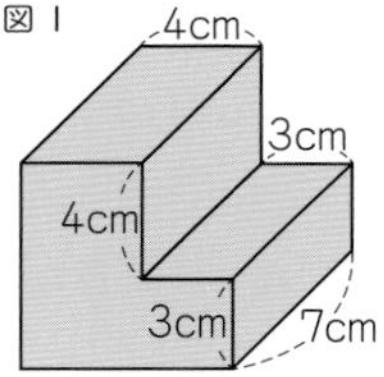

図２

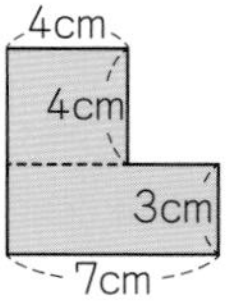

答え 259cm³

深めるチェック 円柱をもとにした立体の体積①

例題 右の図１の立体の体積を，底面積×高さの式を使って求めなさい。

解き方 図2を底面にした立体だと考える。

底面積は，(6×6×3.14)÷4=28.26

高さは20cm だから，この立体の体積は，28.26×20=565.2

図１

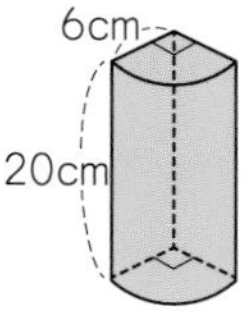

図２

答え 565.2cm³

深めるチェック 円柱をもとにした立体の体積②

例題 右の図1のように，中央に円形の穴《あな》があいた立体がある。この立体の体積を，底面積×高さの式を使って求めなさい。

図1

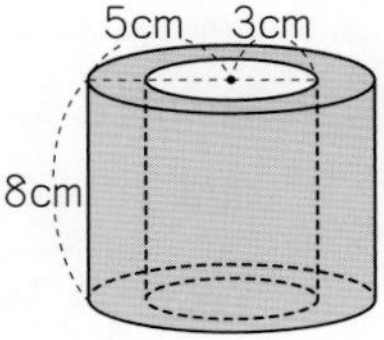

図2

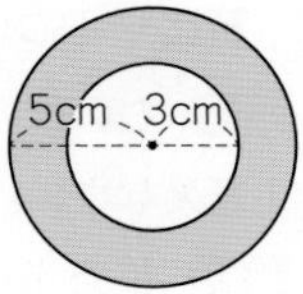

解き方 図2を底面にした立体だと考える。

底面積は，

$5\times5\times3.14-3\times3\times3.14=\underline{50.24}$

高さは8cm だから，

この立体の体積は，$\underline{50.24}\times8=\underline{401.92}$

答え 401.92cm³

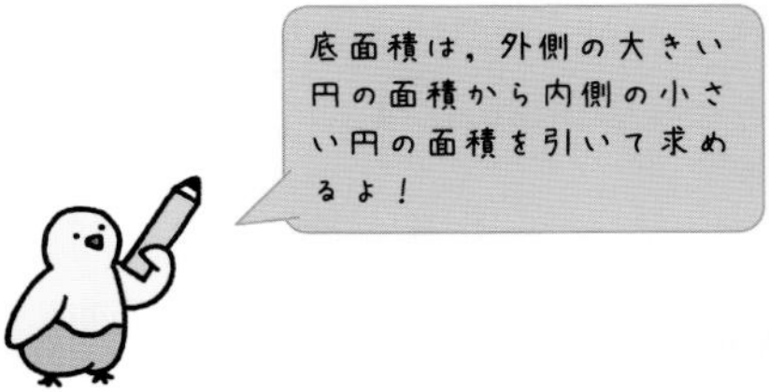

思考力アップ

Q 下の立体の体積を求めなさい。

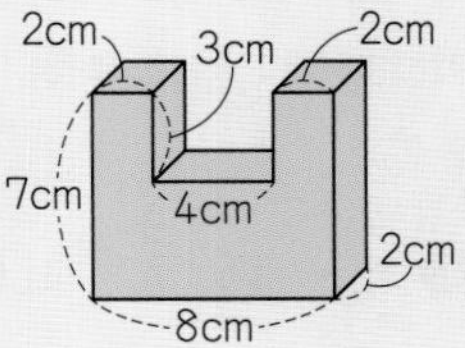

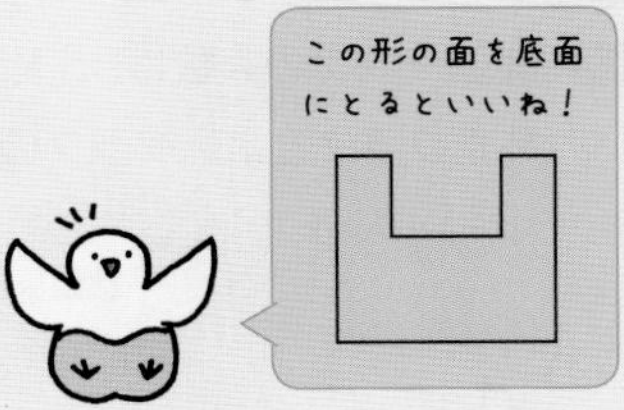

解き方 底面積は，$8\times7-3\times4=\underline{44}$

体積 = 底面積×高さ = $44\times2=\underline{88}$

A 88cm³

12 比

ココ大事!

★数の割合《わりあい》を表したものを**比《ひ》**という。

★比は3：4のように表し，「三対四《さんたいよん》」と読む。

深めるチェック　比

☑**比** … 2つの量3と4がある場合，その割合を3：4のように表したもの。

例題 右の長方形で，縦《たて》の長さと横の長さの比を答えなさい。

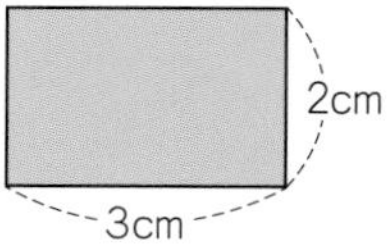

解き方 長方形の縦の長さは2cm，横の長さは3cmなので，縦の長さと横の長さの比は2：3となる。

答え 2：3

深めるチェック　比の値

☑**比の値** … 比が $a:b$ で表される時，$a \div b$ の値《あたい》のこと。

例題 次の割合を，比と比の値で表しなさい。

陸上クラブの人数35人と，水泳クラブの人数41人。

解き方 陸上クラブの人数は35人，水泳クラブの人数は41人であるから，陸上クラブと水泳クラブの人数の比は35：41となる。

比の値は $35 \div 41 = \frac{35}{41}$

答え 比 … 35：41　比の値 … $\frac{35}{41}$

深めるチェック 3つの数の比

例題 ゆうなさんのクラスの人数は37人で，男子が18人，女子が19人である。次の人数の比を求めなさい。

（1）男子と女子の人数の比。

（2）クラス全体と男子の人数の比。

（3）男子と女子とクラス全体の人数の比。

解き方 （1）男子は18人，女子は19人なので，求める比は，18：19。

（2）クラス全体は37人，男子は18人なので，求める比は，37：18。

（3）男子は18人，女子は19人，クラス全体は37人なので，求める比は，18：19：37。

答え （1）18：19　（2）37：18　（3）18：19：37

プラス A4用紙の縦と横の長さの比

私たちがふだん使っているA4用紙の縦の長さと横の長さの比は，およそ1：1.41になっている。この比を**白銀《はくぎん》比《ひ》**といい，私たち人間が美しく感じる比として知られている。

思考力アップ

Q コーヒー81mLとミルク20mL，シロップ25mLがある。次の割合を，比や比の値で表しなさい。

（1）コーヒーとミルクの量の比の値。

（2）シロップとミルクとコーヒーの量の比。

解き方 （1）比の値　$81 \div 20 = \frac{81}{20}$

A （1）$\frac{81}{20}$　（2）25：20：81

13 比の利用

ココ大事!

★比が $a:b$ である時の，$a \div b$ の値を，比の値《あたい》という。

★5：4と10：8のように比の値が等しい時，2つの比は等しいという。

深めるチェック 等しい比

例題 次の中から，等しい比の組を1組選びなさい。

㋐ 3：2　㋑ 12：18　㋒ 5：3　㋓ 6：4

解き方 それぞれの比の値を調べる。

㋐ $3 \div 2 = \frac{3}{2}$　㋑ $12 \div 18 = \frac{2}{3}$

㋒ $5 \div 3 = \frac{5}{3}$　㋓ $6 \div 4 = \frac{3}{2}$

比の値が等しいのは，㋐と㋓

答え ㋐，㋓

深めるチェック 比の性質

☑○：△の比の，○と△に同じ数をかけても，同じ数でわっても，比の値は等しくなる。

例題 x にあてはまる数を求めなさい。

(1) $4:5=12:x$　　(2) $3:8=x:32$

解き方

(1) $4:5=12:x$（4→12 は ×3，5→x は ×3）

$x=5\times3=15$

(2) $3:8=x:32$（3→x は ×4，8→32 は ×4）

$x=3\times4=12$

答え (1) 15　(2) 12

深めるチェック 比を簡単にする

☑**比を簡単《かんたん》にする** … 比の値を変えずに，**小さい整数の比**になおすこと。

例題 次の比を簡単にしなさい。

（1）10：35　　　（2）2.4：1.8

解き方 （1）10と35をそれぞれ5でわって，10：35＝2：7

（2）2.4と1.8をそれぞれ10倍して，2.4：1.8＝24：18

24と18をそれぞれ6でわって，24：18＝4：3

答え （1）2：7　（2）4：3

深めるチェック 比の利用

☑○と△の比が a：b の時，**○と△を合わせたものと○の比**は（$a+b$）：a となる。

例題 45人の子どもがいる。男子と女子の人数の比は4：5である。女子は何人いるか。

解き方 子ども全体の人数と女子の人数の比は（4+5）：5＝9：5と表せる。

女子の人数を x 人とおくと，9：5＝45：x

よって，x＝25となるから女子の人数は25人。

答え 25人

思考力アップ

Q 80枚《まい》のコインを，兄と弟で5：3の比になるように分ける時，兄のコインは何枚になるか。

解き方 兄のコインを x 枚とおく。80枚のコインと，兄のコインの比が（5+3）：5＝8：5なので，

8：5＝80：x　よって，x＝50

A 50枚

14 比例

ココ大事!

★x の値《あたい》が2倍，3倍，…になると，y の値も2倍，3倍，…となる時，y は x に比例するという。

★比例を表す式　y ＝決まった数×x

深めるチェック　比例

例題　1冊《さつ》120円のノートを買う時，ノート x 冊とその代金 y 円の関係を下の表にまとめた。

冊数 x(冊)	1	2	3	4	5
代金 y(円)	120	240	360	㋐	㋑

(1) 表の㋐，㋑にあてはまる数を答えなさい。

(2) x が2倍，3倍，…になると，y は□倍，△倍，…になっている。□と△にあてはまる数を答えなさい。

(3) 表の x と y について，y は x に［　　　］するという。空らんにあてはまる言葉を答えなさい。

解き方　(1) 代金＝1冊あたりの値《ね》段《だん》×冊数だから，㋐は120×4=480，㋑は120×5=600

(2) 表から，x が2倍，3倍，…になると，y は2倍，3倍，…になる。

(3) (2)より，x が2倍，3倍，…になると，y も2倍，3倍，…になっているので，y は x に比例するという。

答え　(1) ㋐…480　㋑…600　(2) □…2　△…3　(3) 比例

深めるチェック 比例を表す式

☑**比例を表す式 … y = 決まった数 × x**

☑**比例の性質 … $y \div x$ = 決まった数**

例題 自動車が走った時間 x 時間，進んだ道のり y km の関係を，右の表にまとめた。次の問いに答えなさい。

x(時間)	1	2	3	4	5
y(km)	50	100	150	200	250
$y \div x$	50	50	50	50	50

(1) 表の $y \div x$ のらんをうめなさい。

(2) x と y の関係を式に表しなさい。

答え (1) 50÷1=50，100÷2=50，…，250÷5=50となっているから，商はいつでも50になっている。

(2) y は x を50倍した数だから，$y=50\times x$ と表される。

深めるチェック 比例のグラフ

例題 上の深めるチェックの例題の x と y の関係を表すグラフを，右の図にかきなさい。

答え x が0の時，y も0になる。それぞれの x と y の値を点にとり，点を結んでグラフをかく。

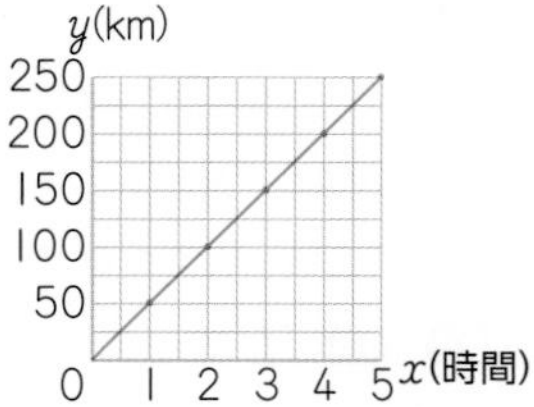

思考力アップ

Q 正六角形の1辺の長さを x cm，まわりの長さを y cm とする。x と y の関係を式に表し，x の値が15の時，y の値を求めなさい。

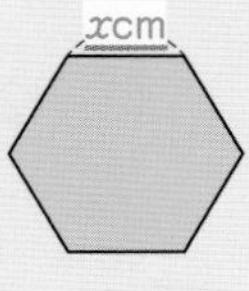

解き方 関係式は $y=6\times x$ となる。

この式に x=15を入れて y=6×15=90

A 関係式 … $y=6\times x$　y の値 … 90

15 反比例

ココ大事!

★x の値《あたい》が2倍，3倍，…になると，y の値が $\frac{1}{2}$ 倍，$\frac{1}{3}$ 倍，…となる時，y は x に反比例《はんぴれい》するという。

★反比例を表す式　y＝決まった数÷x

深めるチェック　反比例

例題 面積が24cm^{2}の長方形の縦《たて》の長さを x cm，横の長さを y cm として，x と y の関係を下の表にまとめた。

x(cm)	1	2	3	4	6
y(cm)	24	12	8	㋐	㋑

（1）表の㋐，㋑にあてはまる数を答えなさい。

（2）x が2倍，3倍，…になると，y は□倍，△倍，…になっている。□と△にあてはまる数を答えなさい。

（3）表の x と y について，y は x に［　　　］するという。空らんにあてはまる言葉を答えなさい。

解き方（1）「長方形の面積＝縦×横」だから，4×㋐＝24　㋐＝6(cm)
6×㋑＝24だから，㋑＝4(cm)

（2）表から，x が2倍，3倍，…になると，y は $\frac{1}{2}$ 倍，$\frac{1}{3}$ 倍，…になる。

（3）（2）より，x が2倍，3倍，…になると，y は $\frac{1}{2}$ 倍，$\frac{1}{3}$ 倍，…になっているので，y は x に反比例するという。

答え（1）㋐…6　㋑…4　（2）□…$\frac{1}{2}$　△…$\frac{1}{3}$　（3）反比例

深めるチェック 反比例を表す式

☑ **反比例を表す式 … y ＝決まった数÷ x**

☑ **反比例の性質 … $y \times x$ ＝決まった数**

例題 12km の道のりを進む時の速さを時速 $x$km，かかる時間を y 時間として，x と y の関係を右の表にまとめた。

時速 x(km)	1	2	3	4	6	12
y(時間)	12	6	4	3	2	1
$y \times x$	12	12	12	12	12	12

（1）表の $y \times x$ のらんをうめなさい。

（2）x と y の関係を式に表しなさい。

答え（1）$1 \times 12=12$，$2 \times 6=12$，…，$12 \times 1=12$ となっているから，$y \times x$ は，いつでも12になっている。

（2）x と y の積はいつでも12だから，$y=12 \div x$ と表される。

深めるチェック 反比例のグラフ

例題 上の深めるチェックの例題の x と y の関係を表すグラフを，右の図にかきなさい。

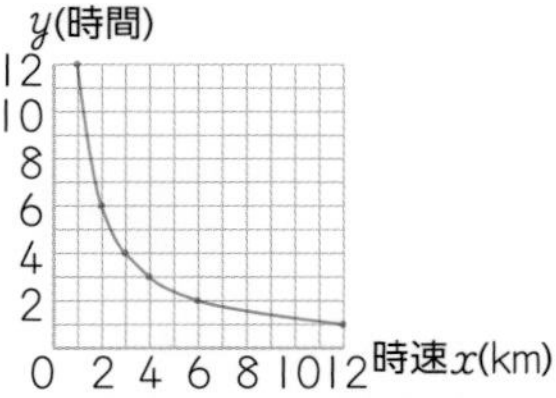

答え 表の x と y が対応しているそれぞれの点をとり，点を結んでグラフをかく。

思考力アップ

Q 5人ですると，4日かかる仕事がある。この仕事を2日で終わらせるには，何人必要か。1人が1日あたりにできる仕事の量はみんな同じとする。

解き方 仕事をする人数を x 人，かかる日数を y 日とする。

$x \times y=5 \times 4=20$ だから，関係式は $y=20 \div x$ となる。y に2を入れて，$2=20 \div x$ から，$x=10$

A 10人

16 代表値の意味と求め方

ココ大事!

★**平均値《へいきんち》，最頻値《さいひんち》(モード)，中央値《ちゅうおうち》(メジアン)のように，データを調べたり，比べたりする時に用いられる値《あたい》を代表値《だいひょうち》という。**

深めるチェック 平均値

☑平均値 … データの値を，同じ大きさになるようにならした値。

平均値＝合計÷個数

例題 次の表は，A 班《はん》9人の15点満点のテストの得点を表したものである。得点の平均値を求めなさい。

A 班のテストの得点(点)

14	10	11	9	15	12	14	8	6

解き方 (14+10+11+9+15+12+14+8+6)÷9＝11　**答え** 11点

深めるチェック 最頻値と中央値

☑最頻値(モード) … データの中でもっとも多く現れる値。

☑中央値(メジアン) … データの値を大きさの順にならべた時に，真ん中に位置する値。

例題 上の表を見て，最頻値と中央値を求めなさい。

解き方 もっとも人数が多い得点は14点なので，最頻値は14点。

得点を低い順にならべると，

6，8，9，10，11，12，14，14，15となる。9人のちょうど真ん中の5番目の値が中央値になる。

よって，中央値は11点。　**答え** 最頻値…14点　中央値…11点

＋プラス＋ 中央値の求め方

●**データの個数が奇数《きすう》個**の時 … データの値を大きさの順にならべた時，**ちょうど真ん中にくる数。**

例 2，4，5，9，11

データの数5個（奇数）の中央の数は5。

この場合の中央値は5となる。

●**データの個数が偶数《ぐうすう》個**の時 … データの値を大きさの順にならべた時，**中央にならぶ2つの数の平均。**

例 2，4，5，7，9，11

データの数6個（偶数）の中央にならぶ数は5と7。

5と7の平均は，（5＋7）÷2＝6となり，中央値は6となる。

思考力アップ

Q 次の表は6年3組の20人の登校にかかる時間を調べたものである。

登校にかかる時間（分）

13	8	20	17	9	11	14	13	18	21
25	15	23	33	18	16	14	18	27	7

（1）平均値を求めなさい。

（2）最頻値を求めなさい。

（3）中央値を求めなさい。

解き方 （3）20個のデータの値を大きさの順にならべると，

7，8，9，11，13，13，14，14，15，16，17，18，18，18，20，21，23，25，27，33

20人（偶数）の中央値は，中央にならぶ2つの数16と17の平均。

（16＋17）÷2＝16.5

A （1）17分　（2）18分　（3）16.5分

17 度数分布表

ココ大事!

★全体のちらばりの様子を調べる時，度数分布表《どすうぶんぷひょう》や柱状《ちゅうじょう》グラフを利用する。

深めるチェック 度数分布表と柱状グラフ

例題 次の表はA班《はん》16人の，テストの得点を表したものである。

得点(点)								
	48	39	49	27	31	18	35	30
	29	26	16	45	24	37	32	25

(1) 右の度数分布表を完成させなさい。

(2) 人数がいちばん多いのは，何点以上何点未満の階級《かいきゅう》か。

(3) 度数分布表の，階級の幅《はば》を答えなさい。

(4) 柱状グラフをかきなさい。

階級(点)	人数(人)
10以上～20未満	2
20～30	5
30～40	6
40～50	3
合計	16

解き方 (1) 10点以上20点未満は2人，40点以上50点未満は3人なので，度数分布表に書き入れる。

(2) 度数分布表より，人数がいちばん多いのは，30点以上40点未満の階級である。

(3) 階級の幅は区切りの大きさなので，10点。

(4) 度数分布表をもとに，右上のような柱状グラフをかく。

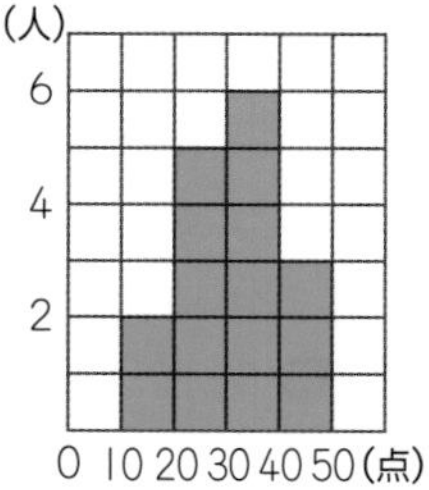

答え (1) 右上の表 (2) 30点以上40点未満の階級
(3) 10点 (4) 右上の図

深めるチェック ドットプロット

例題 あるグループ20人が1年間に読んだ本の冊数《さっすう》を下の表にまとめた。それぞれの冊数をドットプロットに表しなさい。

1年間に読んだ本の冊数(冊)

5	11	8	3	4	7	10	6	5	7
4	5	10	9	5	8	3	8	6	5

解き方 それぞれの値《あたい》に，●を積み重ねていく。

答え

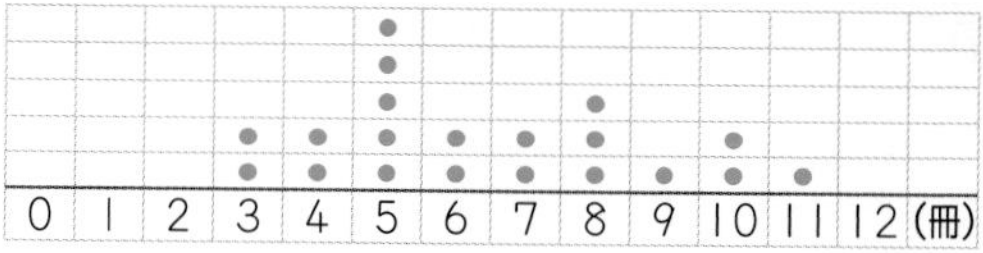

＋プラス＋ 度数折れ線

●柱状グラフのそれぞれの長方形の上の辺の真ん中の点をとって結んでできる折れ線グラフを**度数折れ線(度数分布多角形)**という。左ページの柱状グラフをもとに度数折れ線をかくと，右の図のようになる。

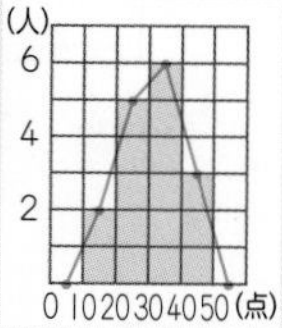

思考力アップ

左ページの例題について，次の問いに答えなさい。

Q 点数が40点未満の人は何人いるか。

解き方 2+5+6=13 **A** 13人

Q 20点以上30点未満の人数は，全体の何%になるか。四捨五入《ししゃごにゅう》して小数第1位までの数で答えなさい。

解き方 5÷16×100=31.25 四捨五入して，31.3 **A** 31.3%

18 ならべ方

ココ大事!

★ものの**ならべ方**を考える時には，**表**にまとめたり，**枝分かれした図**をかいたりすると，もれや重なりなく数え上げることができる。

深めるチェック ならべ方を表にまとめる

例題 けんたさん，つばささん，ななみさんの3人が1列にならぶ時，全部で何通りのならび方があるか。

解き方 3人のならび方を，表にまとめる。

1番目	2番目	3番目
けんた	つばさ	ななみ
けんた	ななみ	つばさ

1番目	2番目	3番目
つばさ	けんた	ななみ
つばさ	ななみ	けんた

1番目	2番目	3番目
ななみ	けんた	つばさ
ななみ	つばさ	けんた

表から，3人のならび方は全部で6通り。

答え 6通り

深めるチェック 枝分かれした図

例題 1, 2, 3, 4の4つの数字の中から3つを選び，それを1回ずつ使って3けたの整数をつくる。整数は全部で何通りできるか。

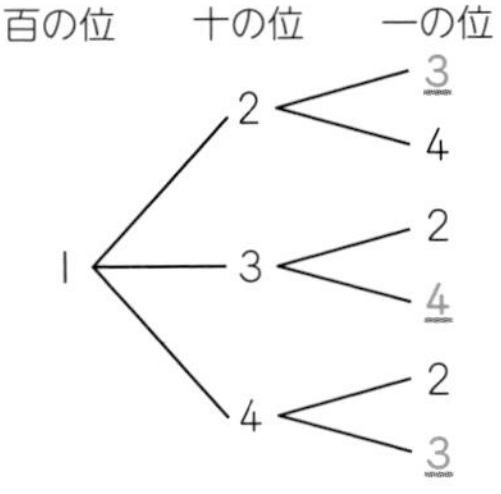

解き方 百の位を1にした時のならべ方を右の図のような枝分かれした図を使って考える。百の位が2, 3, 4の時もそれぞれ6通りずつあるから，全部で6×4=24(通り)ができる。

答え 24通り

深めるチェック　表と枝分かれした図

例題 100円玉を3回投げる時，表と裏《うら》の出方は全部で何通りあるか。

（1）表を使って考えなさい。

（2）枝分かれした図を使って考えなさい。

解き方（1）1回目に表が出る時と，裏が出る時に分けて考える。

1回目	2回目	3回目
表	表	表
表	表	裏
表	裏	表
表	裏	裏

1回目	2回目	3回目
裏	表	表
裏	表	裏
裏	裏	表
裏	裏	裏

上の表から，全部で8通り。

（2）1回目に表が出た時の枝分かれした図では，表と裏の出方は4通りある。1回目に裏が出た時にも同じように4通りになるから，全部で4×2=8（通り）ができる。

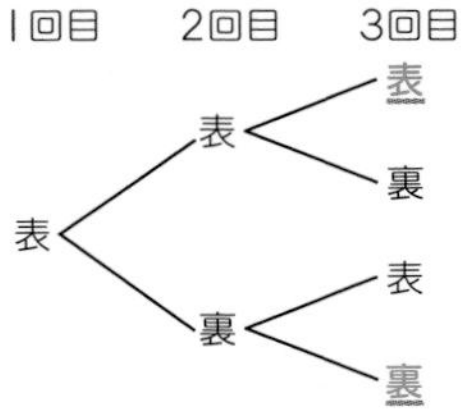

答え（1）8通り　（2）8通り

思考力アップ

Q 0, 1, 2, 3の4つの数字から3つを選び，それを1回ずつ使って3けたの整数をつくる。整数は全部で何通りできるか。

解き方 百の位が1の時，6通りのならべ方がある。百の位が2, 3の時にもそれぞれ6通りずつあるので，6×3=18（通り）

A 18通り

19 組み合わせ方

ココ大事!

★組み合わせ方を考える時にも，枝分かれした図をかいたり，表にまとめたりすると，もれや重なりがない。

深めるチェック 枝分かれした図

例題 A，B，C，Dの4つのチームが1試合ずつの総当たり戦をする時，全部で何通り試合があるか。

解き方 ならべ方と同じように枝分かれした図をかいて，同じ組み合わせになるものを消していく。

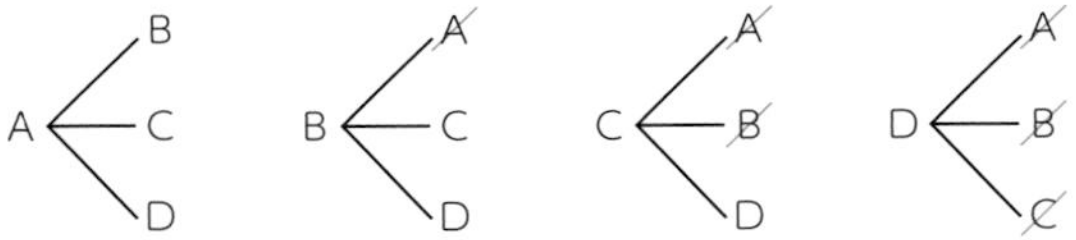

枝分かれした図より，全部で6通り。

答え 6通り

アルファベット順になるものが残るので，右のように枝分かれした図をかいてもよい。

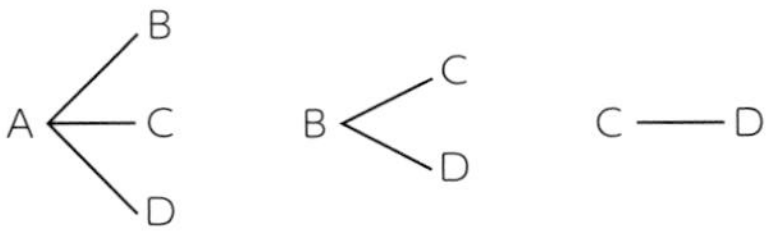

深めるチェック 表にまとめる

例題 りんご，みかん，もも，ぶどう，バナナの5つの果物の中から2つを選ぶ時，選び方は全部で何通りあるか。

解き方 それぞれの組み合わせを表にかいて，○をつけて数える。同じ組み合わせには○をつけない。右の図より，全部で10。

答え 10通り

	り	み	も	ぶ	バ
り		○	○	○	○
み			○	○	○
も				○	○
ぶ					○
バ					

深めるチェック 3つ選ぶ時の組み合わせ

例題 1円，5円，10円，100円のこう貨が1枚《まい》ずつある。これら4枚の中から3枚を選んでできる合計金額をすべて答えなさい。

解き方 枝分かれした図をかいて考える。

右の図より，合計金額の組み合わせは，16円，106円，111円，115円となる。

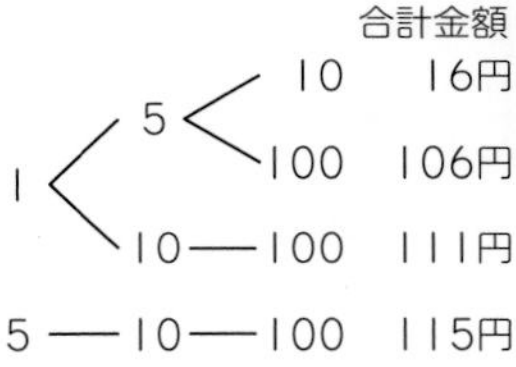

答え 16円，106円，111円，115円

プラス くふうして組み合わせを考える

5つの中から4つ選ぶことは，残りの1つを選ぶことと同じである。

例題 A，B，C，D，Eの5つの文字から4つを選ぶ組み合わせは，全部で何通りあるか。

解き方 5つの文字から4つを選ぶことと，残りの1つを選ぶことは同じである。1つの文字の選び方は，A，B，C，D，Eの5通り。

答え 5通り

思考力アップ

Q 2，3，5，7，11の5枚のカードの中から2枚を選んで積を求める。この時，積は全部で何通りあるか。

解き方 5枚のカードから2枚を選ぶ組み合わせを考えるとよい。右の表から，全部で10通り。

	2	3	5	7	11
2		6	10	14	22
3			15	21	33
5				35	55
7					77
11					

A 10通り

20 数の規則性

ココ大事!

★**数の規則性を考える時は，ならんだ数に注目して関係を見つけ，変わり方を調べていく。**

深めるチェック 図形の規則を調べる

例題 右の図のように，同じ長さの棒《ぼう》を正方形状にならべていく。
下の表は正方形の個数と使った棒の本数を調べたものである。

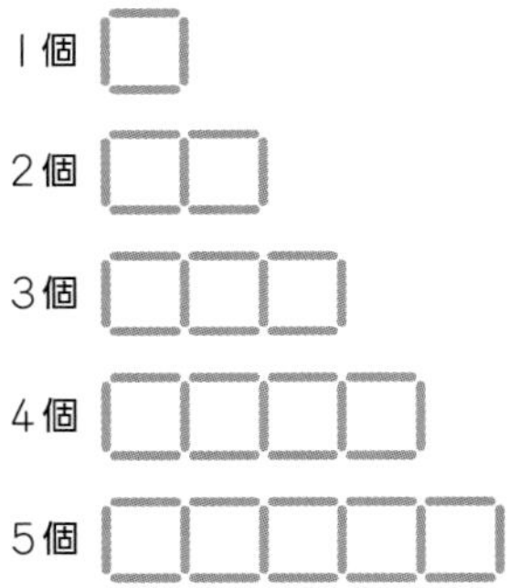

（1）次の表をうめなさい。

正方形の個数	1	2	3	4	5
棒の本数	4	7	①	②	③

（2）正方形が1個増えた時，使う棒は何本増えるか。

（3）正方形が20個の時，棒は何本使うか。

解き方（1）図を見て本数を数える。

（2）表から，正方形が1個増えると，使う棒が3本増えることがわかる。

（3）4+3+3+3+…+3=4+3×19=61
（3+3+3+…+3 は 19個）

答え（1）① 10　② 13　③ 16　（2）3本　（3）61本

深めるチェック 立体の規則を調べる

例題 右の図のように，同じ長さの棒を使って立方体をつくっていく。15個の立方体をつくるのに棒は何本必要か。

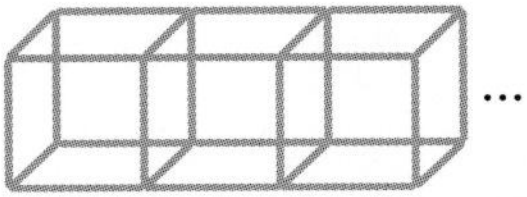

解き方 1個の立方体をつくるのに12本，2個の立方体をつくるのに20本，3個の立方体をつくるのに棒は28本必要。
立方体の個数が1個増えると，必要な棒の本数は8本増える。
15個の立方体をつくるのに必要な棒の本数は

$$\underbrace{12+8+8+\cdots+8}_{14個}=12+8\times14=124$$

答え 124本

思考力アップ

Q 右の図のように，両はしを1として，下の段《だん》の数は上の段の数の和をならべていく。
7段目の数の和はいくつか。

解き方 4段目までについて，段の数，数の和を表にすると，右のようになる。段の数が1増えると和は2倍になっていることがわかるので，7段目の数の和は

段目	1	2	3	4
和	2	4	8	16

$$\underbrace{2\times2\times2\times2\times2\times2\times2}_{7個}=128$$

A 128

算数コラム

～黄金比《おうごんひ》～

　単元12「比」では白銀比《はくぎんひ》をしょうかいしました。ここでは，白銀比とともに美しい比として知られる，黄金比をしょうかいします。

　黄金比は1：1.618…で表される比で，簡単《かんたん》な比になおすと，およそ5：8となります。黄金比は私たちが知る芸術や建築物の中に姿《すがた》を現しますが，その中でも特に有名なものがミロのビーナスです。

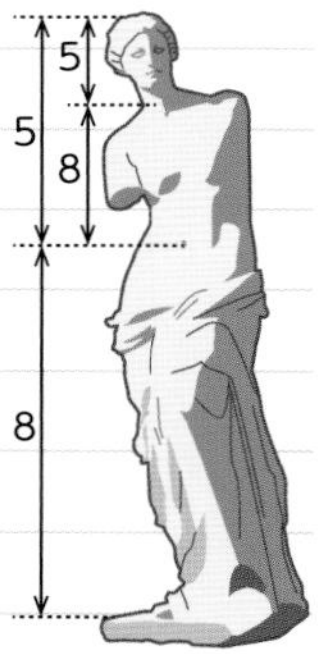

　ミロのビーナスは古代ギリシャの時代に造られた女性の像で，現在ではパリのルーブル美術館に展示《てんじ》されています。この像の「頭のてっぺんから首の付け根までの長さ」と「首の付け根からおへそまでの長さ」の比が5：8となっています。さらに，「頭のてっぺんからおへそまでの長さ」と「おへそから足元までの長さ」の比も5：8となっているのです。この他，ギリシャのパルテノン神殿《しんでん》にも黄金比がその姿を現します。黄金比を建築物に利用したのは，古代ギリシャの建築家のペイディアスだとされています。

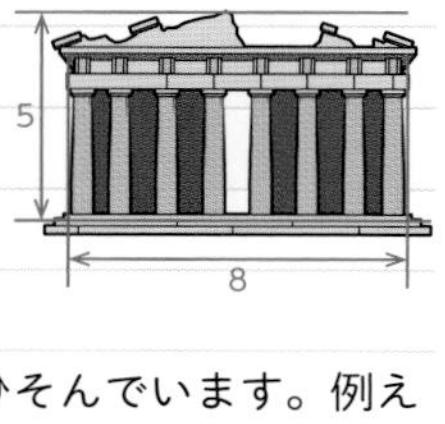

　さらに，黄金比は私たちの生活の中にもひそんでいます。例えば，クレジットカードの縦《たて》の長さと横の長さの比も，およそ5：8となっています。ぜひ，私たちの身のまわりにある黄金比を探してみてください。

理科

01 ものが燃える条件

ココ大事!

★ものが燃え続けるためには，空気が入れかわることが必要である。

★空気の成分は，約78％がちっ素，約21％が酸素で，酸素にはものを燃やすはたらきがある。

深めるチェック ものの燃え方と空気

いろいろな方法でろうそくを燃やしたときの燃え方を調べてみよう。

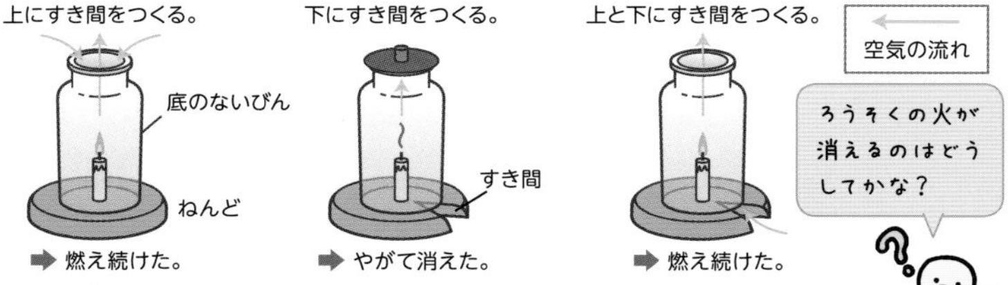

空気が入れかわらないときは，ろうそくの火は消えてしまう。

☑**ものの燃え方** … 空気の入れかわりがあれば，ろうそくは燃え続ける。

深めるチェック 空気の成分

空気は，いろいろな気体が混じり合ってできている。その中で，いちばん多い気体はちっ素，２番目に多い気体は酸素である。その他に，二酸化炭素などがふくまれている。

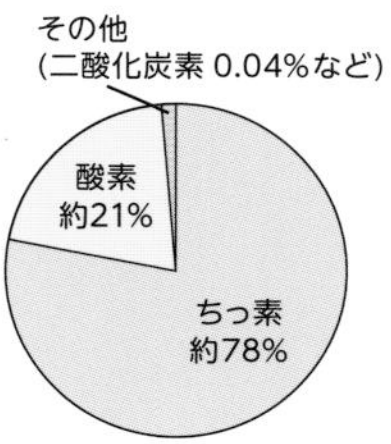

☑**ちっ素** … 空気の成分のうち，全体の体積の約78％をしめる気体。

☑**酸素** … 空気の成分のうち，全体の体積の約21％をしめる気体。

深めるチェック　酸素とその性質

空気が入れかわることで，ろうそくは燃え続けることから，空気の中にものを燃やすはたらきのある気体があると考えられる。

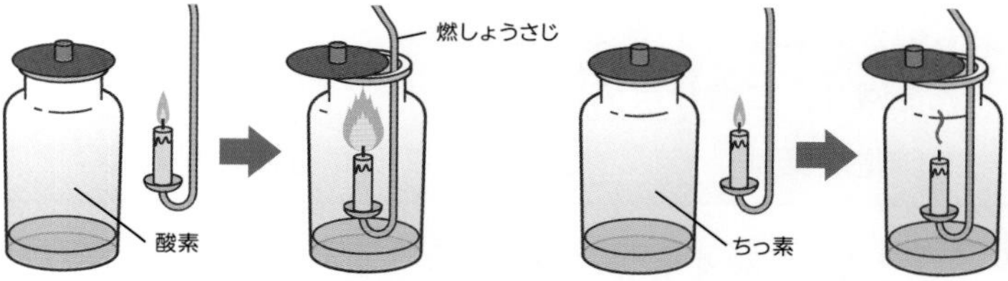

酸素の中ではろうそくは激《はげ》しく燃え，ちっ素の中ではすぐに消えた。

☑**酸素** … 空気の成分のうち，ものを燃やすはたらきがある気体である。

プラス　酸素のつくり方と集め方

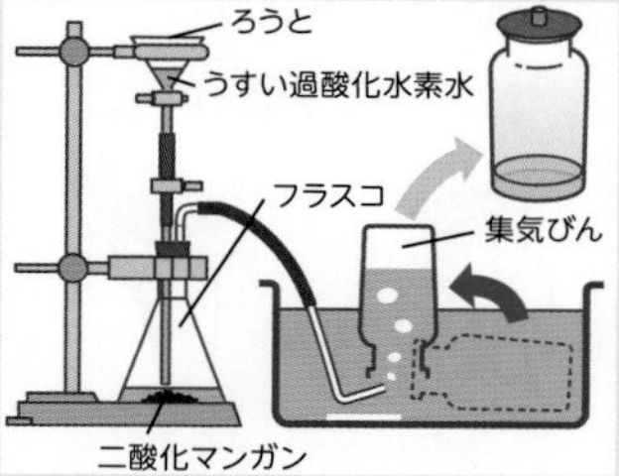

① 右の図のように，フラスコに少量の**二酸化マンガン**を入れた装《そう》置《ち》を組み立てる。

② うすい**過酸化水素水（オキシドール）**を，ろうとから少しずつ注ぐ。

③ あわが出始めてしばらくしてから，集気びんに集める。
→はじめのうちは，フラスコ内にあった空気が集まるため。

④ ふたをして，取り出す。→このような集め方を**水上《すいじょう》置《ち》換法《かんほう》**という。

思考力アップ

Q 空気と酸素を半分ずつ入れたびんの中でろうそくを燃やすと，空気だけを入れたびんの中で燃やしたときよりも激しく燃える。その理由を説明しなさい。

A 空気と酸素を半分ずつ入れたびんの方が，酸素の量が多いから。

02 空気の変化

ココ大事!

★ものが燃えると，空気中にある**酸素**のうちの一部が使われて減り，**二酸化炭素**が増える。

★二酸化炭素は，**石灰水**を白くにごらせる性質がある。

深めるチェック 燃えたあとの空気

ろうそくを燃やしたあとの空気の成分の変化を調べてみよう。

実験 ① 集気びんの中の空気の成分を，気体検知管で調べる。

② 集気びんの中でろうそくを燃やし，燃えたあとの空気の成分を，気体検知管で調べる。

【ろうそくを燃やす前】

【ろうそくを燃やしたあと】

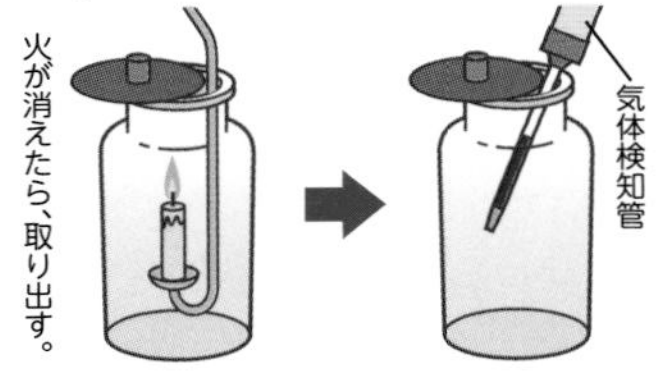

結果 ろうそくを燃やす前とあとの空気の成分は，次のように変化した。

	燃やす前	燃やしたあと
酸素	約21%	約17%
二酸化炭素	約0.04%	約3%
ちっ素	約78%	約78%

まとめ ろうそくを燃やしたあとの空気は，**酸素**が減って，**二酸化炭素**が増えている。➡ものが燃えると，酸素の一部が使われる。

☑**ものが燃えたあとの空気**…**酸素**が減って，**二酸化炭素**が増える。

深めるチェック　酸素とその性質

ものが燃えたあとの空気の成分の変化を石灰水《せっかいすい》を使って調べてみよう。

実験 ① 石灰水を入れた２本の集気びんを用意する。

② １本の集気びんに火のついたろうそくを入れてふたをし，火が消えたら取り出す。

③ それぞれの集気びんを軽くふる。

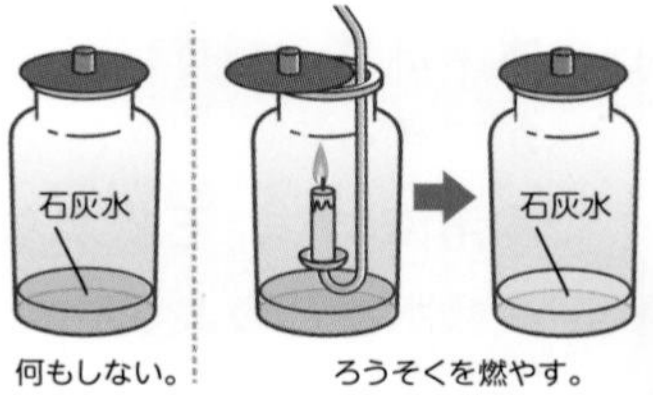

結果 空気だけでは石灰水は変化しなかったが，ろうそくを燃やしたあとの**石灰水**は白くにごった。

まとめ ろうそくを燃やすと二酸化炭素ができた。

☑石灰水 … 二酸化炭素があるかどうかを調べることができる。二酸化炭素があると白くにごる。

＋プラス＋　二酸化炭素のつくり方と集め方

① 右の図のように，フラスコに少量の**石灰石**を入れた装置《そうち》を組み立てる。

※石灰石は卵《たまご》のからや貝がらでもよい。

② **うすい塩酸**を，ろうとから少しずつ注ぐ。

③ 集気びんに二酸化炭素がたまっていく。

→このような集め方を**下方置換法**《かほうちかんほう》という。

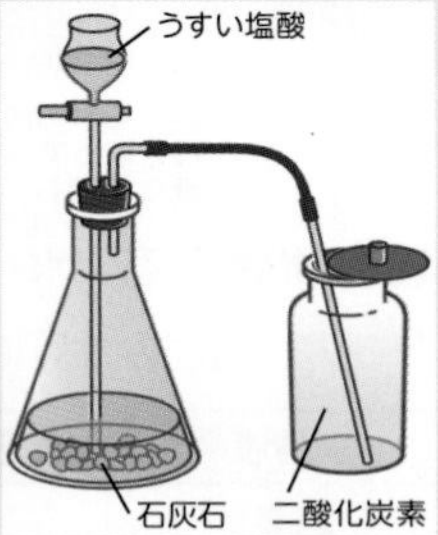

思考力アップ

Q 二酸化炭素を集めた集気びんの中に，火のついたろうそくを入れると，ろうそくの火はすぐに消えた。このことからわかる二酸化炭素の性質はどのような性質か。

A 二酸化炭素には，ものを燃やすはたらきがないという性質。

03 水溶液の性質

ココ大事!

★水溶液《すいようえき》は，酸性《さんせい》・中性《ちゅうせい》・アルカリ性《せい》のどれかに分けることができる。

★水溶液には，石灰水《せっかいすい》などのように固体がとけたものや，炭酸水などのように気体がとけたものがある。

深めるチェック 水溶液のなかま分け

水溶液は，リトマス紙の色の変化によって，酸性・中性・アルカリ性の３種類に分けられる。

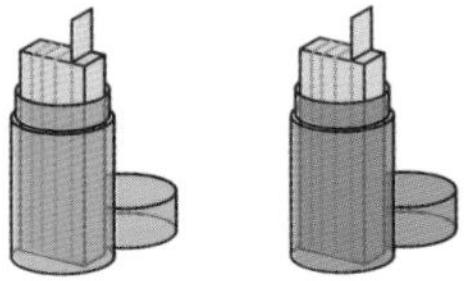

赤色のリトマス紙　青色のリトマス紙

【リトマス紙の使い方】

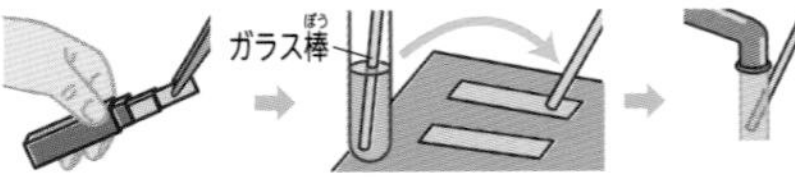

リトマス紙をピンセットで取り出す。

調べる水溶液をガラス棒を使って，リトマス紙につける。

調べる液を変えるたびに使ったガラス棒を水で洗う。

塩酸・炭酸水・石灰水・アンモニア水・食塩水

の５つの水溶液の性質は次のようになる。

水溶液	赤色リトマス紙	青色リトマス紙	水溶液の性質
塩酸	変化しない	赤色に変わる	酸性
炭酸水	変化しない	赤色に変わる	
石灰水	青色に変わる	変化しない	アルカリ性
アンモニア水	青色に変わる	変化しない	
食塩水	変化しない	変化しない	中性

☑**酸性の水溶液**… 青色**リトマス紙**だけが**赤色**に変わる水溶液。

☑**アルカリ性の水溶液**… 赤色**リトマス紙**だけが**青色**に変わる水溶液。

☑**中性の水溶液**… 青色と赤色リトマス紙のどちらも変化しない水溶液。

深めるチェック 水溶液にとけているもの

塩酸・炭酸水・石灰水・アンモニア水・食塩水の見た目やにおい，水を蒸発《じょうはつ》させたときのちがいを調べてみよう。

水溶液	塩酸	炭酸水	石灰水	アンモニア水	食塩水
見た目	とう明	とう明であわが出ている	とう明	とう明	とう明
におい	つんとしたにおい	なし	なし	つんとしたにおい	なし
水を蒸発させる	何も残らない	何も残らない	白いつぶが残る	何も残らない	白いつぶが残る

☑**塩酸・アンモニア水** … 気体がとけている水溶液。

☑**炭酸水** … 気体の二酸化炭素がとけている水溶液。

☑**石灰水・食塩水** … 固体がとけている水溶液。

☑**水溶液にとけているもの** … 水溶液には，固体や気体だけでなく，液体がとけたものもある。たとえば，アルコール水など。

＋プラス＋ 水溶液の性質を調べるもの

リトマス紙以外にも水溶液の性質を調べるものに，**ムラサキキャベツ液**や**BTB《ビーティービー》溶液**などがある。

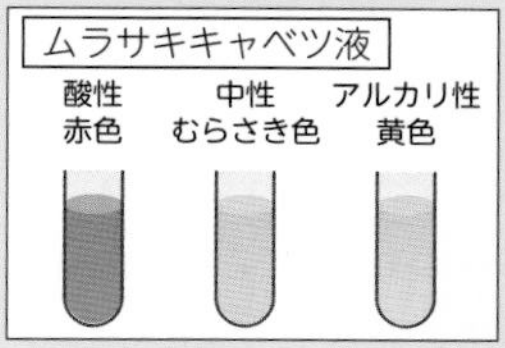

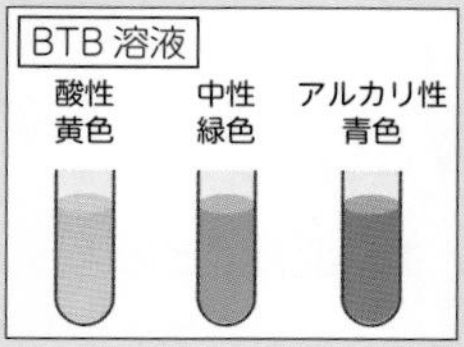

思考力アップ

Q 水と二酸化炭素を半分ずつくらい入れたペットボトルを，ふたをしてからよくふると，ペットボトルがへこんだ。どうしてペットボトルがへこむのか，その理由を説明しなさい。

A 二酸化炭素が水にとけたから。

04 水溶液のはたらき

ココ大事!

★水溶液《すいようえき》の種類によっては，**金属**を変化させるはたらきがある。

★金属がとけた水溶液から取り出した固体は，もとの金属とは**ちがうもの**になっている。

深めるチェック 炭酸水と金属の変化

金属に炭酸水を加えたとき，金属はどのようになるか調べてみよう。

実験 鉄とアルミニウムに，炭酸水を加えたときの変化を調べる。

結果 鉄もアルミニウムも変化が見られなかった。

まとめ 炭酸水には，鉄やアルミニウムを変化させるはたらきが**ない**。

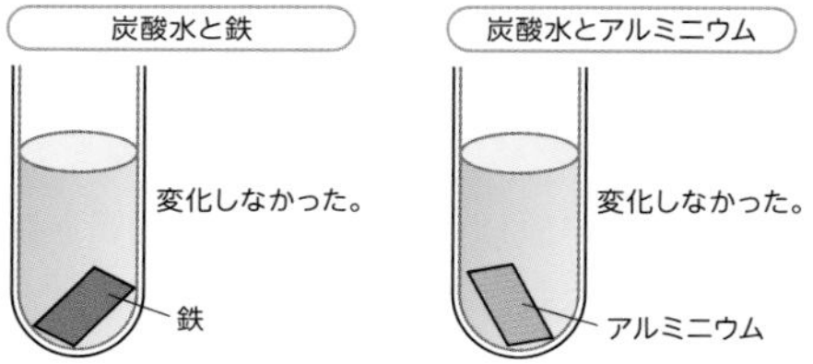

深めるチェック 塩酸と金属の変化

金属に塩酸を加えたとき，金属はどのようになるか調べてみよう。

実験 鉄とアルミニウムに，塩酸を加えたときの変化を調べる。

結果 どちらもあわを出しながらとけて見えなくなった。

まとめ 塩酸には鉄やアルミニウムをとかすはたらきがあり，鉄やアルミニウムがとけると，**水素**という気体が発生する。

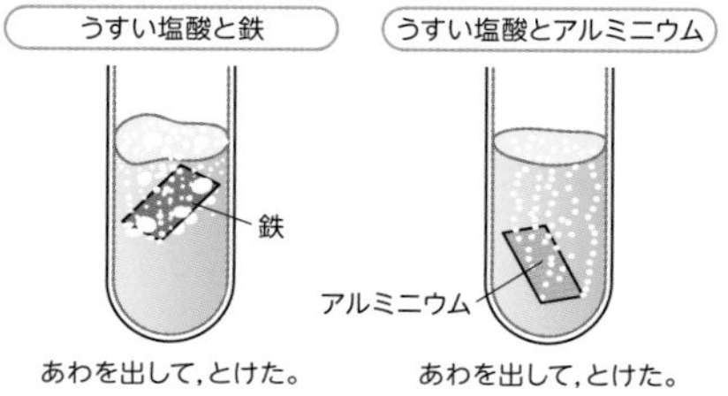

深めるチェック　塩酸にとけたアルミニウムのゆくえ

塩酸にとけたアルムニウムがどうなったかを調べてみよう。

実験1 塩酸にアルミニウムがとけた液を，蒸発皿《じょうはつざら》に少量とって加熱する。

結果1 蒸発皿には，白い固体が残った。

実験2 ① 実験1で残った白い固体ともとのアルミニウムを，それぞれうすい塩酸に入れる。

② 実験1で残った白い固体ともとのアルミニウムを，それぞれ水に入れる。

結果2 白い固体は，塩酸にあわを出さずにとけ，水にもとけた。もとのアルミニウムは，塩酸にあわを出してとけ，水にはとけなかった。

まとめ 白い固体は，もとのアルミニウムとはちがうものである。

☑**塩酸のはたらき** … 塩酸には，アルミニウムをとかして，別のものに変化させるはたらきがある。

プラス　水素の性質

鉄やアルミニウムに塩酸を加えたときに出てくるあわは，気体の**水素**である。

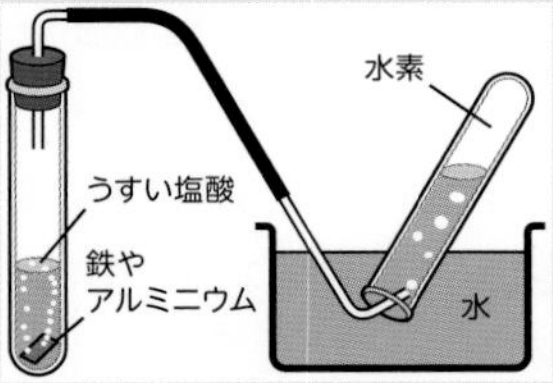

【水素の性質】

- においはなく，気体でいちばん軽い。
- 水にはほとんどとけない。
- マッチの火を近づけると，ポッと音を出して燃える。

思考力アップ

Q 塩酸にアルミニウムがとけた液を少量加熱して出てきた白い固体と，アルミニウムを区別する方法を説明しなさい。

A 白い固体とアルミニウムをそれぞれ塩酸に入れる。白い固体はあわを出さずにとけ，アルミニウムはあわを出してとける。

05 消化のはたらき

ココ大事!

★食べたものは，消化液のはたらきによって消化され，体に吸収されやすい別のものに変えられる。

★消化された養分は，おもに小腸《しょうちょう》で吸収《きゅうしゅう》され，血液によって全身に運ばれる。

深めるチェック だ液のはたらき

ご飯つぶをかんでいると，あまく感じるようになる理由を調べてみよう。

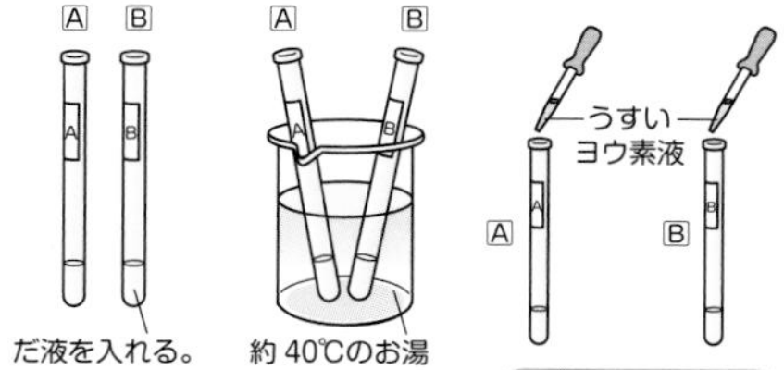

実験 ① ご飯つぶを布でつつみ，湯にもみ出してAとBの試験管に入れ，Bにだけだ液を入れる。

② 試験管を約40℃にあたため，ヨウ素液を入れる。

結果 Aは青むらさき色に変化し，Bは変化しなかった。

まとめ でんぷんは，だ液によって別のものに変わった。

☑**だ液**…でんぷんを別のものに変えるはたらきがある。

深めるチェック 食べ物の消化

① 口→食道→胃《い》→小腸→大腸→こう門までの食べ物の通り道を消化管という。

② 食べたものは，口・胃・小腸で，だ液や胃液などのはたらきで消化される。

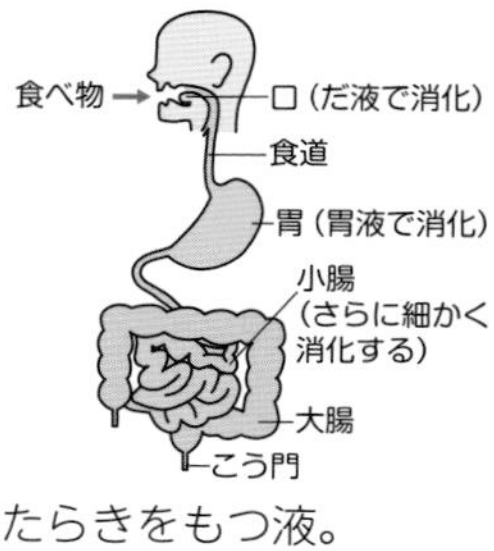

☑**消化**…食べ物をかみくだいたり，体に吸収されやすい養分に変えたりするはたらき。

☑**消化液**…だ液や胃液のように，消化するはたらきをもつ液。

深めるチェック 食べ物の吸収

消化された養分は，おもに小腸で血液の中に吸収され全身へ運ばれる。残りは，ふんとしてこう門から出される。

【小腸のつくり】

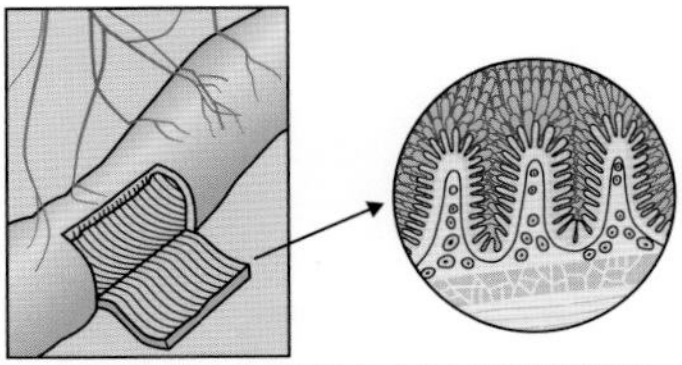

小腸の内側のかべにはたくさんのひだがあり，そこにさらに小さな出っぱりがある。

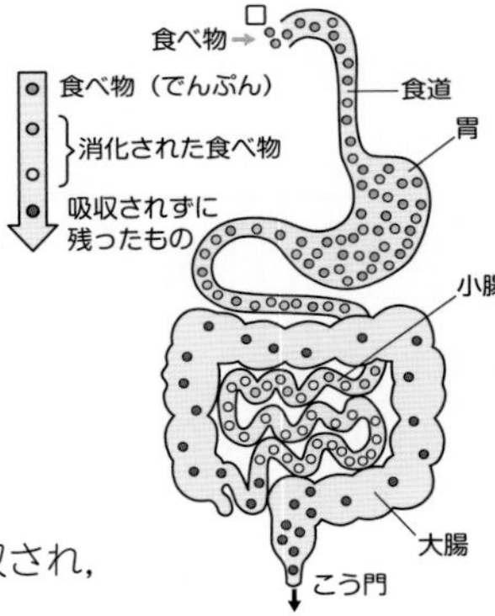

☑**吸収** … 消化された養分は，小腸で吸収され，大腸ではおもに水が吸収される。

プラス 肝臓のはたらき

肝臓《かんぞう》は消化管ではないが，消化に関係するはたらきをしている。体の中で一番大きい内臓《ないぞう》。

【肝臓のはたらき】

- 小腸から運ばれてきた養分の一部をたくわえる。
- 必要なときに，養分を血液中に送り出す。

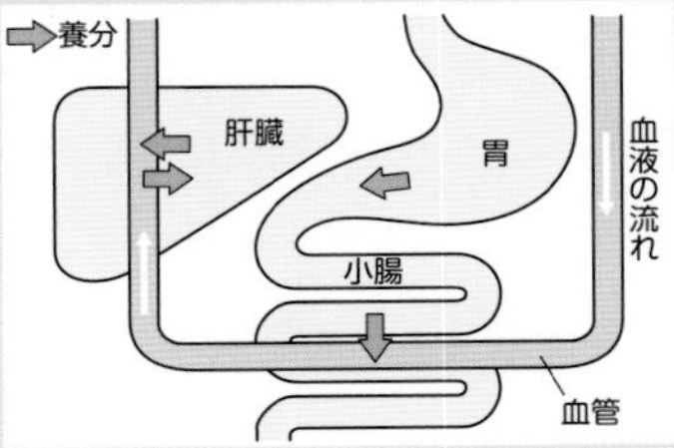

思考力アップ

Q だ液のはたらきを調べる実験で，40℃くらいのお湯につけてから，ヨウ素液を入れるが，40℃くらいのお湯につける理由を説明しなさい。

A 体温と同じくらいの温度で実験を行うため。

06 呼吸のはたらき

ココ大事!

★酸素を取り入れ二酸化炭素を出すことを**呼吸《こきゅう》**という。

★吸《す》いこんだ空気は**肺《はい》**に送られる。

深めるチェック 吸う空気とはき出す空気

人は，空気を吸ったりはいたりすることで，どのようなものを取り入れたり，出したりしているのか調べてみよう。

実験 ① ポリエチレンのふくろを2つ用意し，それぞれのふくろに吸う空気(まわりの空気)とはき出した空気を集めて閉《と》じこめる。

② それぞれのふくろに石灰水《せっかいすい》を入れてふる。

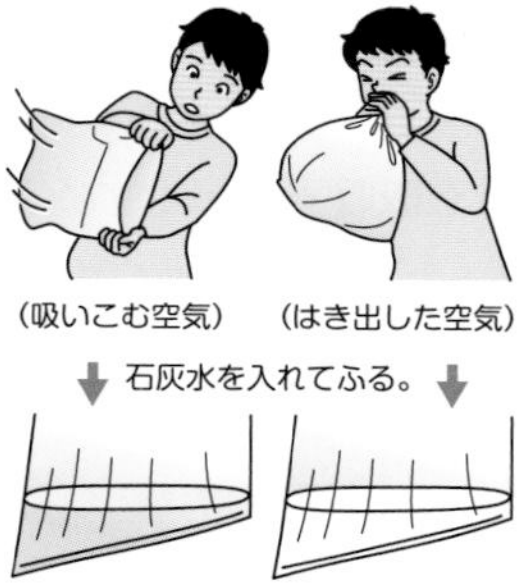

結果 ・ふくろにはき出した空気を入れると，ふくろの内側が**白くくもった。**

・はき出した空気は石灰水が**白くにごり**，吸う空気は変化しなかった。

まとめ ・はき出した空気には**水分**がふくまれている。

・はき出した空気は，吸う空気よりも**二酸化炭素**が多くふくまれている。

石灰水は，二酸化炭素にふれると白くにごる性質があったね。

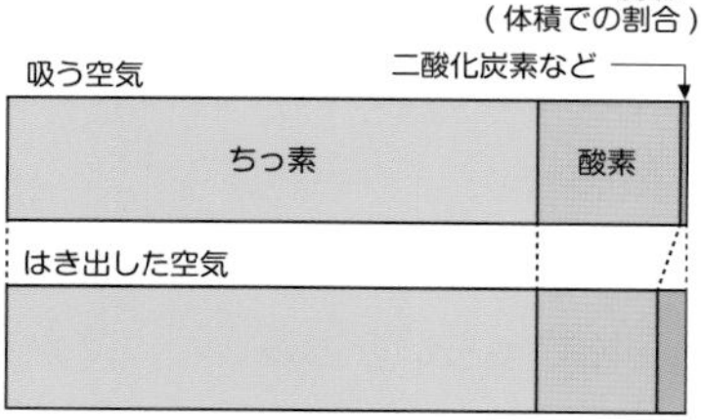

はき出した空気は，吸う空気よりも，酸素の割合が減って，二酸化炭素の割合が増えている。

人は，呼吸をすることで，**酸素**の一部を取り入れ，**二酸化炭素**を出している。

☑**呼吸**… 酸素を取り入れ，二酸化炭素を出すこと。

深めるチェック 肺のはたらき

口や鼻から吸いこんだ空気は，気管を通って肺へ運ばれ，肺で酸素と二酸化炭素を入れかえたあと，気管を通って口や鼻から出される。

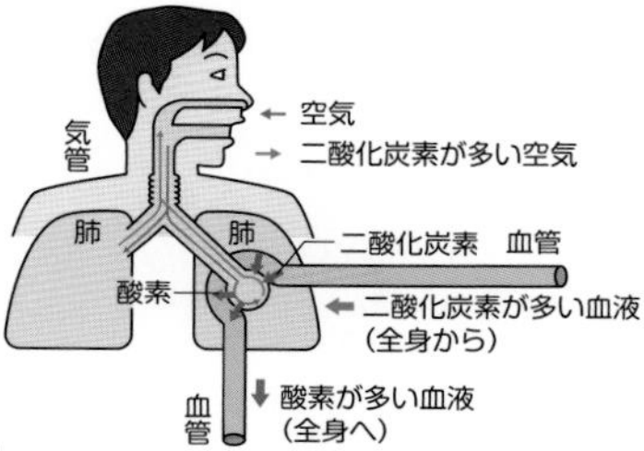

☑**肺** … 胸《むね》に左右１つずつある。酸素と二酸化炭素をこうかんする。

☑**気管** … 鼻や口から肺までの間にある空気の通り道。

＋プラス＋ 肺のつくり

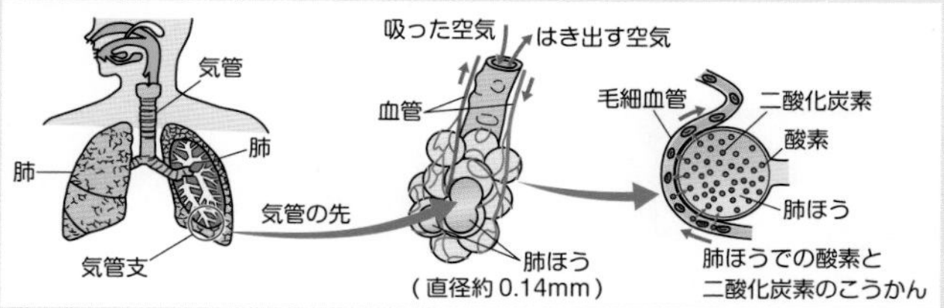

気管の先が枝分かれした部分を気管支《し》という。

気管支の先にある小さなふくろを肺ほうという。酸素と二酸化炭素の入れかえを行っている。

思考力アップ

Q 肺が小さなふくろが集まってできていることの長所について説明しなさい。

A 肺全体の表面積が広くなり，ふくろに入った空気と血管がふれあう面積が広くなるので，酸素と二酸化炭素の入れかえが効率よく行われる。

07 血液のはたらき

ココ大事!

★**心臓《しんぞう》は，血液を全身に送り出すポンプのはたらきをしている。**

★**血液は，全身をめぐりながら，酸素や養分，二酸化炭素などを運ぶはたらきをしている。**

深めるチェック 心臓のはたらき

小腸《しょうちょう》で吸収した養分や，肺《はい》で取り入れた酸素は，心臓のはたらきにより，血液によって全身に運ばれる。

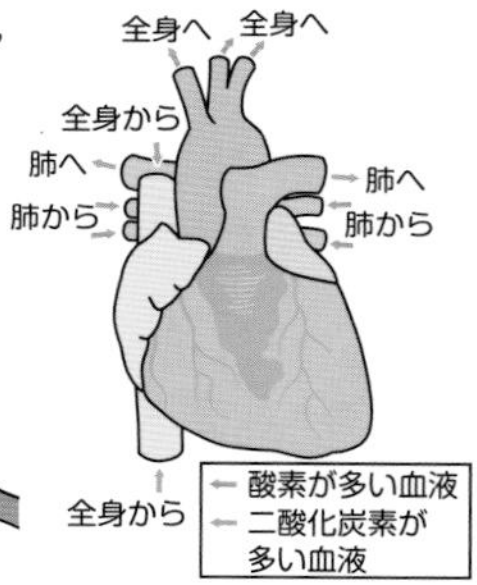

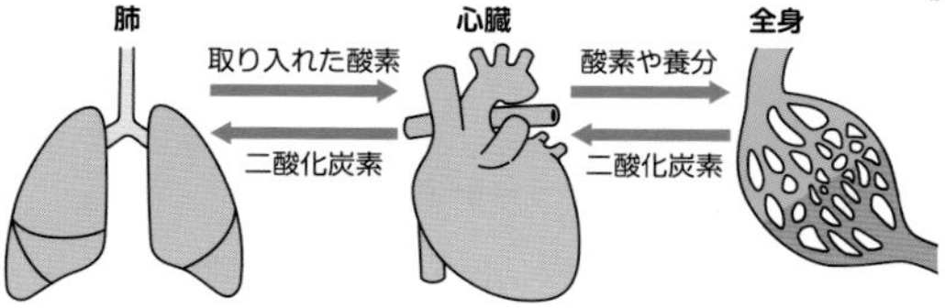

☑**血管** … 全身に張りめぐらされた血液が流れる管。

☑**心臓** … 血液を全身に送り出すポンプのはたらきをしている。

☑**脈拍《みゃくはく》** … 血液を送り出す心臓の動きが血管に伝わって感じられる。

深めるチェック 腎臓のはたらき

人の体の中でいらなくなったものは，血液によって腎臓《じんぞう》に運ばれて取りのぞかれる。

☑**腎臓** … 血液中からいらなくなったものを取りのぞいて尿《にょう》をつくる。尿は体の外に出される。

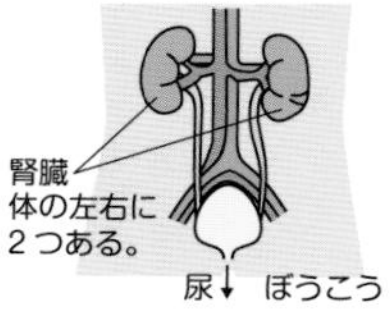

深めるチェック 血液の流れと体のしくみ

人の体の中には，さまざまな臓器《ぞうき》がある。それらがおたがいにかかわり合いながら，生きていくためのしくみができている。

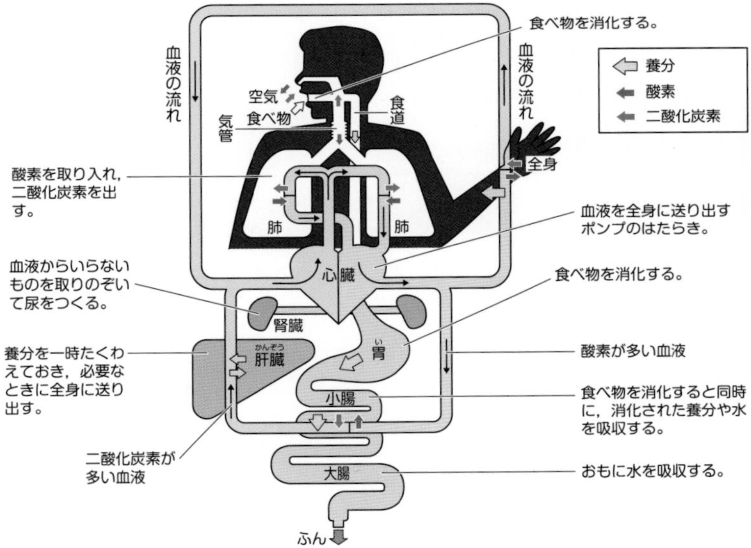

血液は，酸素や養分，二酸化炭素などを運び，体の各部分でそれらのやりとりをするはたらきをしている。

☑**臓器**…胃や小腸，心臓，肝臓，腎臓などの生きるために必要なはたらきをしている部分。

思考力アップ

Q 50mを全力で走っているときの脈拍の回数は，走る前と比べて多くなる。その理由を説明しなさい。

A 走るために養分や酸素が使われるので，それらを届けるために，心臓から多くの養分や酸素を送り出す必要があるから。

08 植物の水の通り道

ココ大事!

★**根から取り入れられた水は，決まった管を通って体全体に運ばれる。**

★**葉まで運ばれた水は，おもに葉から水蒸気《すいじょうき》となって体の外に出ていく。**

深めるチェック 水の通り道

植物が根から取り入れた水は，どこを通ってくきや葉に運ばれるのか調べよう。

実験 ① ホウセンカを根ごとほり取って，水でよく洗《あら》う。

② 根を染色液《せんしょくえき》にひたして，しばらく置いておく。

③ 根・くき・葉を切って断面を観察する。

染色液は，水が通る部分が見やすくなるようにするために使う。

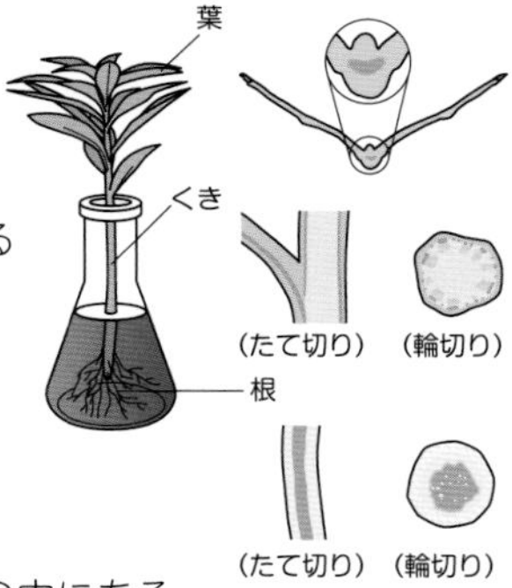

結果 根…全体的に染《そ》まった。

くき…外側に近い部分が染まった。

葉…しんの部分が染まった。

まとめ 根から取り入れた水は，根・くき・葉の中にある細い管を通って，くきや葉に運ばれる。

植物の根・くき・葉には，根から取り入れた水が通る決まった管がある。細い管は根から葉までつながっていて，水がこの管を通って，体全体に運ばれる。

深めるチェック 葉まで運ばれた水のゆくえ

根から取り入れた水は葉まで運ばれる。植物の体で水はどこから外へ出されるのか調べよう。

①
②
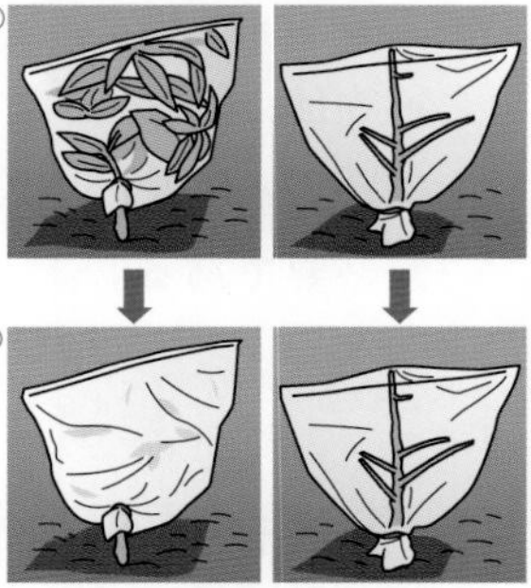

実験 気温の高い晴れた日に行う。

① 葉がついたホウセンカと，葉をとったホウセンカにふくろをかぶせる。

② しばらくしてから，それぞれのふくろの内側の様子を観察する。

結果 葉がついたホウセンカ…水てきがたくさんついた。

葉をとったホウセンカ…水てきはほとんどつかなかった。

まとめ 葉から出た**水蒸気**が冷やされて，水てきとなってふくろの内側についた。根から取り入れられた水は，水蒸気となっておもに葉から出ている。

☑**蒸散**《じょうさん》… 植物の体の中の水が，水蒸気となって外に出ていくこと。

＋プラス＋ 葉の表面のつくり

葉の表面をけんび鏡で観察すると，たくさんの小さな穴《あな》が観察できる。葉から出る水蒸気は，この穴から出ていく。

葉の表面にある，この小さな穴を**気孔**《きこう》という。気孔は，葉の**裏**《うら》側に多く見られる。

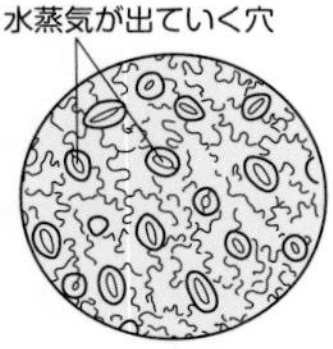

ホウセンカの葉の裏側

思考力アップ

Q 晴れた日に，葉のついたホウセンカにふくろをかぶせてしばらく置いておくと，ふくろの内側が白くくもった。その理由を説明しなさい。

A 葉から出された**水蒸気**が冷やされて水てきになり，**ふくろの内側**につくから。

09 植物と日光とのかかわり

ココ大事!

★**植物は，成長するために必要な養分を自分でつくっている。**

★**でんぷんは葉でつくられ，でんぷんができるためには日光が必要である。**

深めるチェック 植物と日光のかかわり

植物は，成長するために必要なでんぷんをどのようにしてつくっているのか調べてみよう。

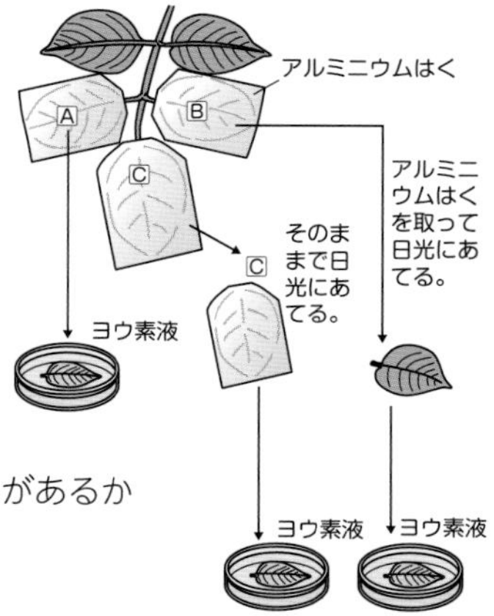

実験 ① 前日に，ジャガイモの葉にアルミニウムはくでおおいをして，ひと晩《ばん》置いておく。

② 次の朝，Aの葉にでんぷんがあるかヨウ素液で調べる。

③ Bの葉はアルミニウムはくを取り，Cの葉はそのままにして，4～5時間日光にあてて，でんぷんがあるかどうかヨウ素液で調べる。

結果 A…葉の色に変化はなかった。

B…葉の色が青むらさき色に変わった。

C…葉の色に変化はなかった。

まとめ 葉に日光があたらないとでんぷんはできないが，日光があたるとでんぷんができる。

☑**葉と日光のかかわり** … 葉にでんぷんができるためには，**日光**が必要である。

深めるチェック 葉のでんぷんの調べ方

【エタノールで葉の緑色をぬいて調べる方法】

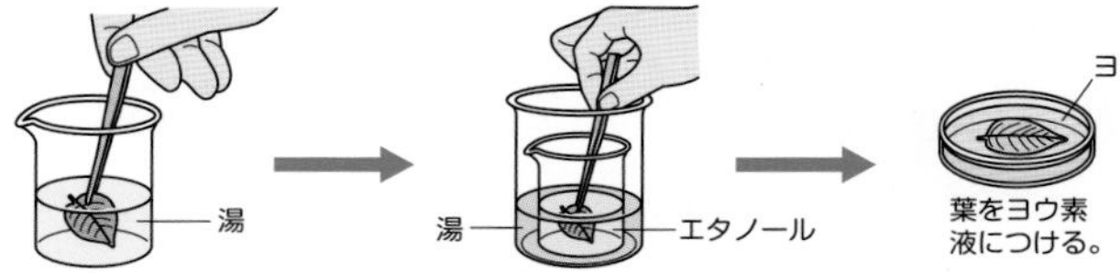

葉を湯につけて，やわらかくする。

あたためたエタノールに葉を入れて，葉の緑色をとかし出す。

葉をヨウ素液につける。

でんぷんがある→青むらさき色
でんぷんがない→変化なし

【たたき染《ぞ》めで調べる方法】

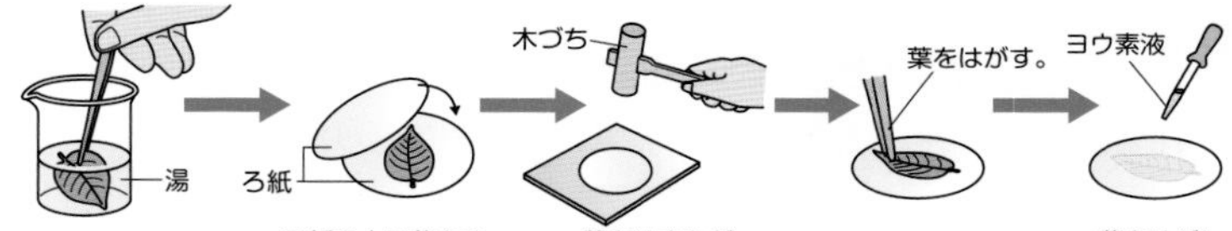

葉を湯につけて，やわらかくする。

ろ紙の上に葉をのせて，その上にもう１枚のろ紙を重ねる。

葉をはさんだろ紙を木づちで上から軽くたたく。

葉をはがしたろ紙にヨウ素液をかける。

＋プラス＋ 光合成

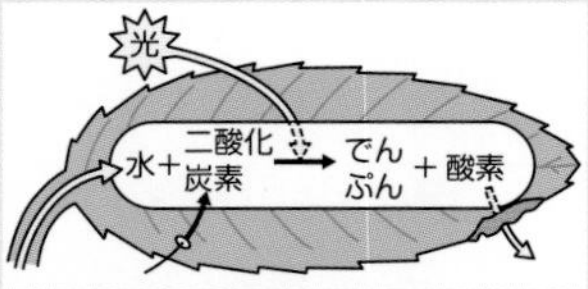

植物は，日光があたっているとき，空気中から取り入れた二酸化炭素と根から吸収《きゅうしゅう》した水からでんぷんをつくっている。このとき，酸素もつくられ，外に出している。

植物が日光のエネルギーを利用して，二酸化炭素と水からでんぷんをつくるはたらきを，光合成《こうごうせい》という。

思考力アップ

Q 実験②で，前日にアルミニウムはくでおおいをした葉を，次の朝，ヨウ素液で調べたのはなぜか。その理由を説明しなさい。

A 日光があたる前に，葉にでんぷんができていないことを確かめるため。

10 食べ物と生物のつながり

ココ大事!

★**動物の食べ物のもとになっているのは，自分で養分をつくることができる植物である。**

★**生物どうしは，「食べる」「食べられる」という関係でおたがいにつながっている。**

深めるチェック 生物と食べ物のつながり

人の食べ物は，もとをたどるとすべて植物にたどりつく。

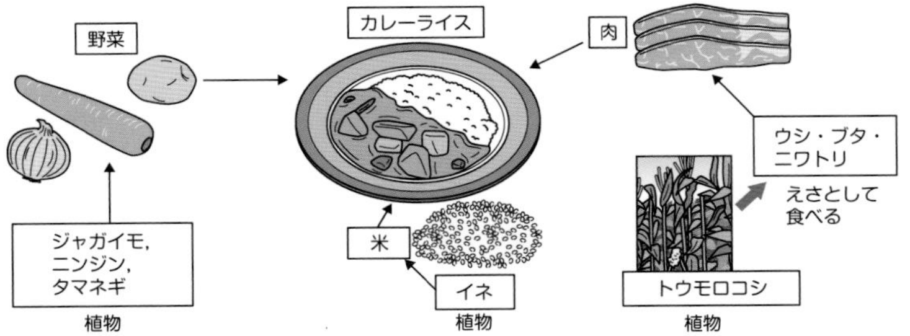

自然の中の生物は，食べる・食べられるの関係でつながっている。

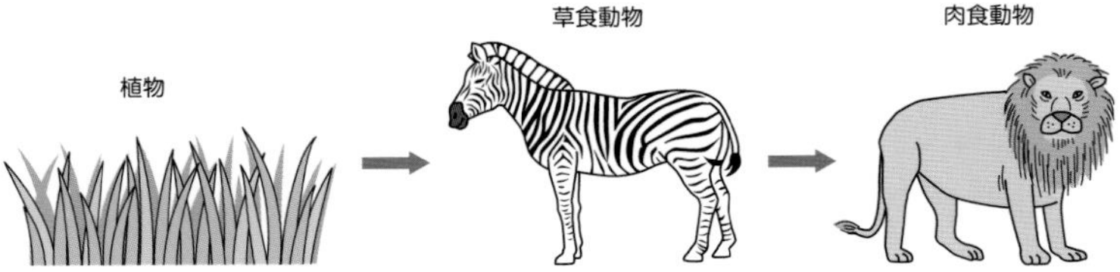

☑**食物連鎖《しょくもつれんさ》** … 生物どうしが，「食べる」「食べられる」という関係で，1本のくさりのようにつながっている関係。

深めるチェック　水中の小さな生物

水中には，さまざまな小さな生物がいる。メダカは，このような小さな生物を食べている。

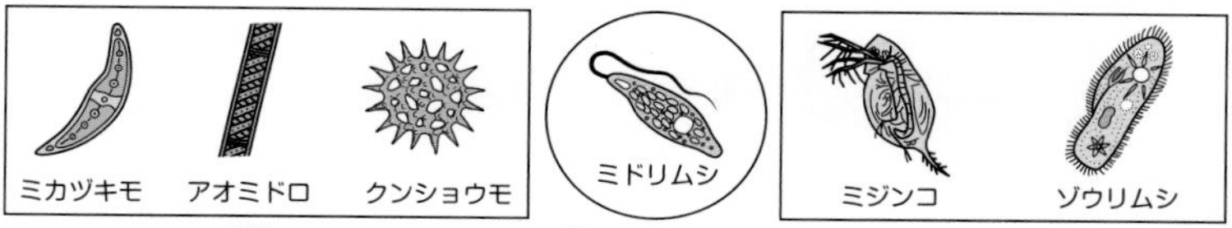

植物　　植物と動物の両方の性質をもつ　　動物

【水中の生物のつながり】

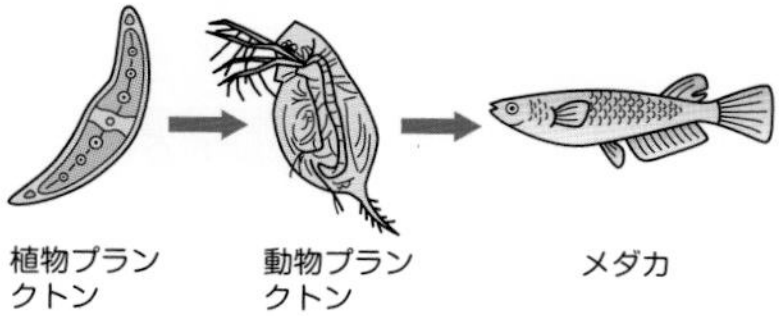

植物プランクトンは動物プランクトンに食べられ，動物プランクトンはメダカなどに食べられるという関係でつながっている。

☑**プランクトン**…水中にいる小さな生物。

プラス　自然の中の生物のつり合い

食物連鎖でつながっている生物の数を調べると，食べられる生物の数が食べる生物の数より**多く**なっている。ふつう，自然界はこの状態でつり合っている。

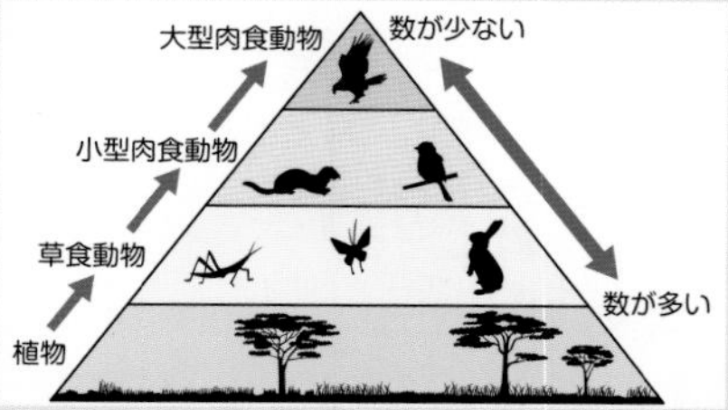

思考力アップ

Q もし，植物が自然界からなくなったとしたら，どのような変化がおこると考えられるか説明しなさい。

A 植物を食べる**草食動物**の数が減り，それを食べる**肉食動物**も減っていき，やがて，生物がいなくなってしまうと考えられる。

11 空気や水と生物のつながり

ココ大事!

★**生物が呼《こ》吸《きゅう》するために必要な酸素は，植物によってつくり出されている。**

★**生物が生きていくためには水が必要で，体の中には多くの水がふくまれている。**

深めるチェック 生物と呼吸

人や動物は呼吸をして，空気中の**酸素**を取り入れ，**二酸化炭素**を出している。木などが燃えるときも，酸素を使って二酸化炭素が出される。また，植物も一日中呼吸をしている。

☑ **呼吸** … 生物は，酸素を取り入れ，二酸化炭素を出している。

深めるチェック 生物と空気のかかわり

空気中に酸素を出している植物のはたらきを調べてみよう。

実験 ① 晴れた日の午前中に，植物にふくろをかぶせて，息をふきこみ，ふくろの中の空気を調べる。

② 1時間ぐらい日光にあてたあと，ふくろの中の空気を調べる。

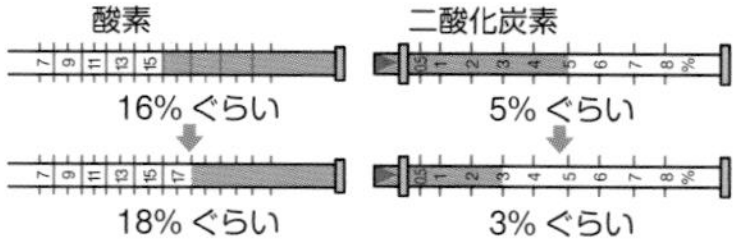

結果 空気中の二酸化炭素が減って，酸素が増えた。

まとめ 植物は日光があたると，二酸化炭素を取り入れ，酸素を出す。

☑ **生物と空気の関係** … 人や動物は，空気を通して植物と大きくかかわっている。

深めるチェック 生物と水のかかわり

生物が生きていくためには，必ず**水**が必要である。

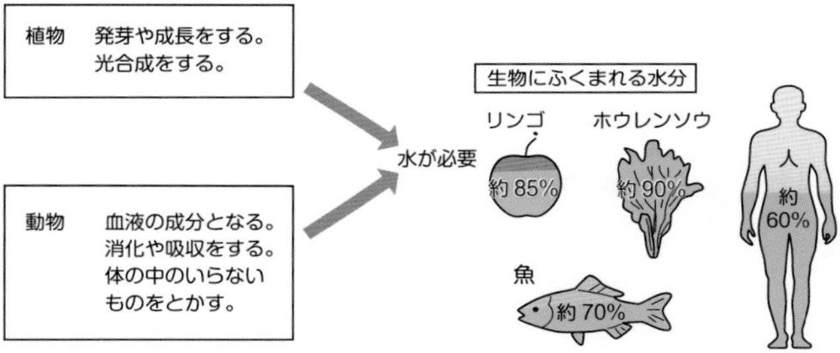

☑ **生物と水の関係** … すべての生物は，水がないと生きていけない。

＋プラス＋ 生物と食べ物，空気，水のかかわり

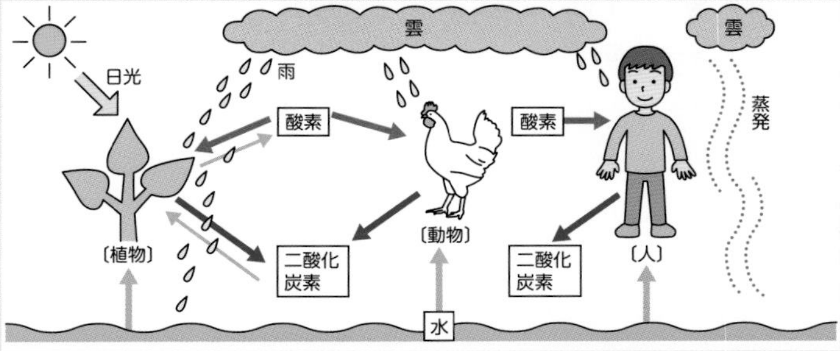

生物と水や空気，生物どうしは，おたがいに深くかかわり合って，結びついている。

思考力アップ

Q 生物が生きていく上で必要な水は，どのように姿《すがた》を変えて，地球上をめぐっているか説明しなさい。

A 川や海から水が蒸発《じょうはつ》して水蒸気《すいじょうき》の姿で上しょうして雲になり，雲が雨になって川や海にもどってくる。

12 人と環境とのかかわり

ココ大事!

★人がものを燃やしたり，いろいろな場面で水を使うことで，環境《かんきょう》に大きなえいきょうをあたえている。

★人は，ほかの生物とともに生きていくために，自然環境をこわさないような努力をする必要がある。

深めるチェック　人と空気のかかわり

人が，自動車を動かすためにガソリンを燃やしたり，火力発電を行ったりすることで，空気中の二酸化炭素や有害な気体が増える。

・二酸化炭素が増える。→地球の平均気温が上しょうし，異常気象《いじょうきしょう》がおこったり海面が上しょうしたりすることが考えられる。

・有害な気体が増える。→空気が汚れてぜんそくなどの病気が発生する。

空気中の二酸化炭素や有害な物質を増やさないように，ガソリンなどの**化石燃料**を燃やさないくふうが進められている。

☑**化石燃料**… 大昔に生活していた生物が，長い年月の間に変化してできた**石油**や**石炭**などの燃料。

深めるチェック　人と水のかかわり

人は，飲み水やふだんの生活，農作物のさいばい，工場で製品をつくるときなど，さまざまなことに水を利用している。家庭や工場から出されるはい水で，川や海の水がよごれると水中の生物が住みにくくなる。

川や海の水をよごさないために，よごれた水は，**下水処理場《しょりじょう》**できれいな水にして川にもどしている。

深めるチェック　人と生物のかかわり

人が動物や植物の住む海や森林を利用することで，そこに住む動物の生活場所がなくなったり，植物の数が減ったりする。

▲海をうめ立てて利用する様子

▲木を切って利用する様子

プラス　さなざまな環境問題

① 地球温暖《おんだん》化《か》… 人間が石油や石炭などの化石燃料を大量に燃やすことによって，熱を吸収《きゅうしゅう》する性質がある二酸化炭素が増えて，**地球全体の気温が上がる**と考えられている。
→海面上しょうや異常気象が予想される。

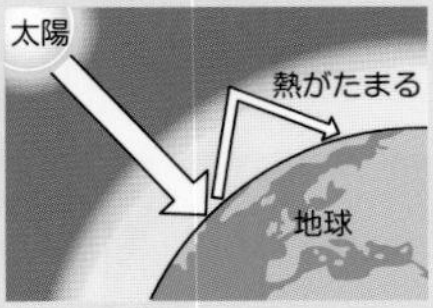

② 酸性雨《さんせいう》… 化石燃料を燃やすと発生する**硫黄《いおう》酸化物《さんかぶつ》**などの物質が水にとけ，酸性の雨になって降《ふ》る。→森林がかれたり，銅像などがとけたりする。

▲酸性雨でかれた森林

③ **森林の減少** … 森林に住むさまざまな生物が絶滅《ぜつめつ》する。光合成ができなくなり，空気中の二酸化炭素の量が増える。

思考力アップ

Q ガソリンで走る自動車のかわりに，電気自動車を使うことは，環境の面からどのような長所があるか説明しなさい。

A 電気自動車は，走るときに地球温暖化の原因の１つと考えられている二酸化炭素を出さないという長所がある。

13 月と太陽

ココ大事!

★月の形は**球形**で，表面は砂《すな》や岩石でおおわれ，**クレーター**とよばれるくぼみが見られる。

★月は自分では光を出していないが，**太陽**の光を反射《はんしゃ》して光っているように見える。

深めるチェック 月の様子

月は球形をしていて，空気や水はない。表面は砂や岩石ばかりで，丸いくぼみが多く見られる。

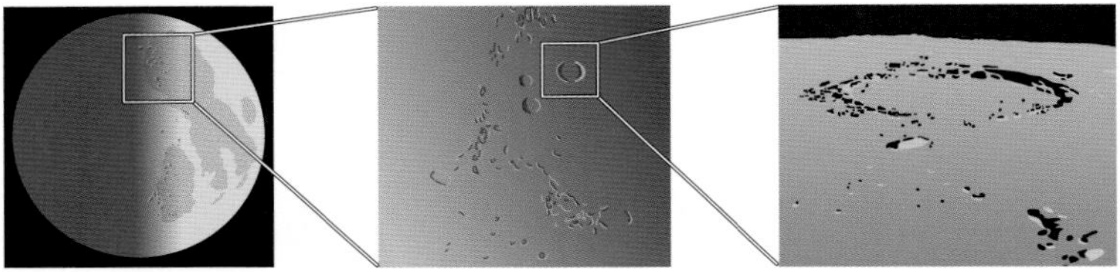

▲球形をしている　▲砂や岩石ばかりの表面　▲表面にあるクレーター

月は,地球のまわりを回っている。→月・地球・太陽の位置が変わっていく。

月は自分では光を出さず，太陽の光を反射した部分が明るく光って見える。

☑**月の形** … 球形で，太陽の光があたった部分が光って見えている。

☑**クレーター** … 月の表面にある丸いくぼみ。

深めるチェック 太陽の様子

太陽はとても大きな**球形**をした星である。いつも強い光を出し，表面は高温で，自ら明るくかがやいている。表面に，黒い点のようなものが見られる。

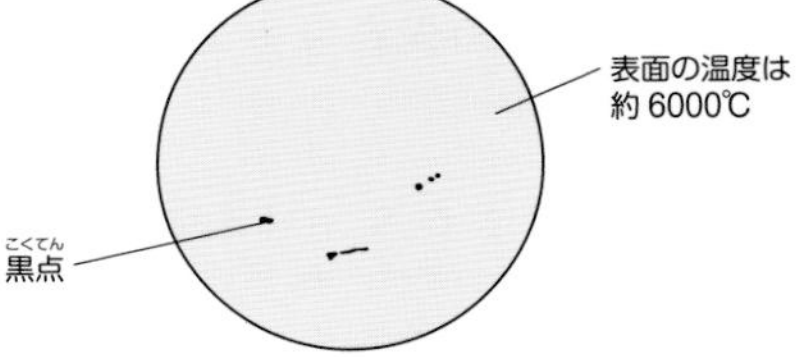

☑**黒点**… 太陽の表面に見える黒い点のような部分。温度が約4000℃で，まわりよりも低いため黒く見える。

プラス 地球・月・太陽の比較

	地球	月	太陽
形	球形	球形	球形
光り方	太陽の光を反射して光る	太陽の光を反射して光る	自ら光っている
直径	約1万3000km	約3500km	約140万 km

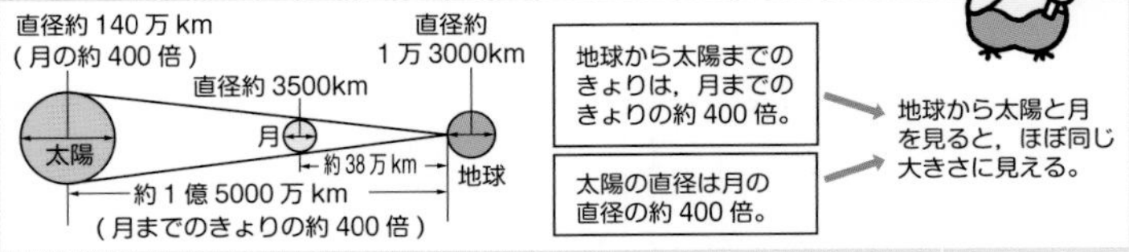

思考力アップ

Q 月は自分では光を出していないのに，地球から見ると光って見える理由を説明しなさい。

A 太陽の光を**反射**しているから。

14 月の形の見え方

ココ大事!

★日によって，月の形が変わって見えるのは，月と太陽の位置関係が毎日変化し，太陽の光を反射《はんしゃ》して光る部分も変化するからである。

★月と太陽の間の角度が大きいほど丸く見える。

深めるチェック 月の形と見える位置

同じ時刻に見える月の形と位置を観察してみよう。

観察 ① 日ぼつ直後の太陽の位置，月の形と位置を調べる。

② 夜明け直後の太陽の位置，月の形と位置を調べる。

結果 ①

・同じ時刻に見える月の位置は，だんだん東へ移動している。

・月の光っている部分がだんだん増えていく。

②

・同じ時刻に見える月の位置は，だんだん東へ移動している。

・月の光っている部分がだんだん減っていく。

まとめ 同じ時刻に見える月の光って見える部分は，日によって変わっていき，見える位置は東へ移っていく。

☑**月と太陽の位置** … 月が光っている側に必ず太陽がある。

深めるチェック　月の見え方

月の形が変わって見える理由を調べてみよう。

実験 ① ボールを月に，ライトを太陽と見立て，暗くした部屋でボールに光をあてる。
② ボールをいろいろな位置に動かし，光があたる部分の見え方を観察する。

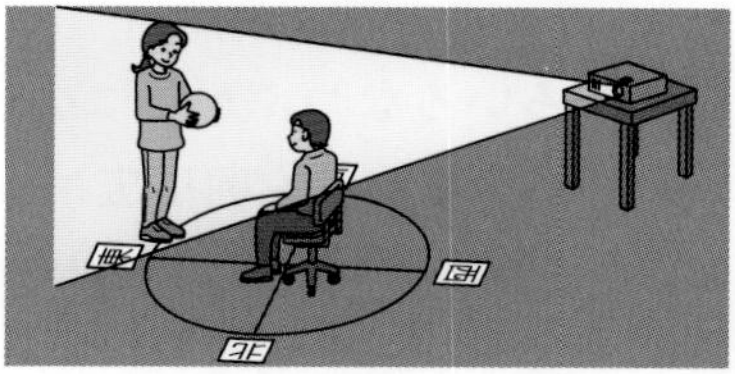

結果 ボールの位置が変わると，明るく見える部分が変わっていく。

まとめ 月の形が毎日ちがって見えるのは，月と太陽の位置が変わっていくため，太陽の光があたって明るく見える部分が少しずつ変化するからである。

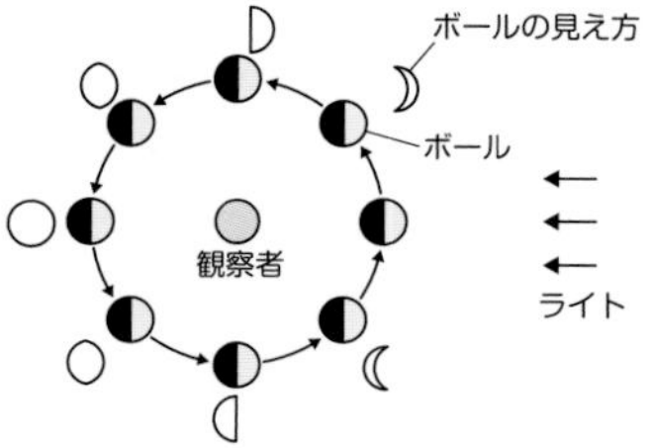

☑**月の見え方** … 月を見る向き（月と太陽の間の角度）が大きいほど，月は丸く見える。

プラス　月の満ち欠け

月の見え方は，新月→三日月→上げんの月→満月→下げんの月→新月と変わっていき，約1か月でもとにもどる。

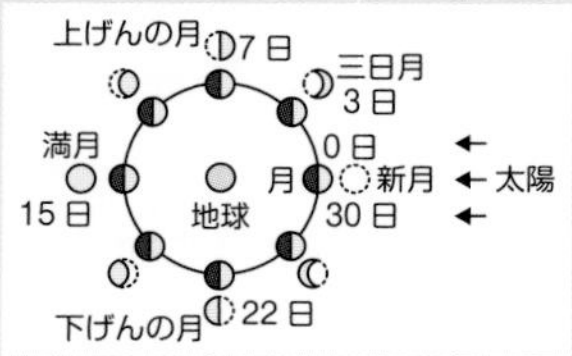

思考力アップ

Q 南の空に，観察者から見て左側が光って見える下げんの月が見えた。このとき，太陽は東西南北のどの位置にあると考えられるか。

A 東

15 大地のつくり

ココ大事!

★**いろいろなつぶが層になって重なっているものを地層《ちそう》といい，広いはん囲に広がっている。**

★**地層の一つひとつの層が，れき・砂《すな》・どろ・火山灰《かざんばい》などからできているため，しま模様《もよう》になって見える。**

深めるチェック　がけの様子

がけを観察すると，しま模様が見られ，地面の下の様子がわかる。がけは，いくつもの土の層が重なっており，それぞれの層は，**どろ**や**砂**，**小石**など集まってできている。この層の重なりを地層という。

がけのようす

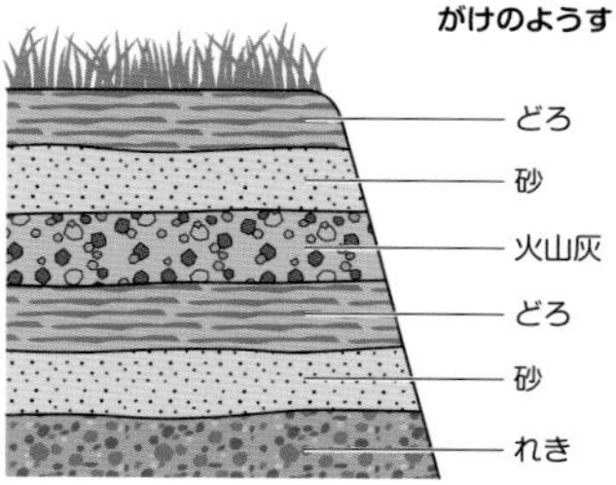

がけをつくっている土の層は，それぞれ，つぶの形や大きさ，色がちがっている。

↓

がけが，しま模様になって見える。

また，がけは，見えている部分だけではなく，横の方や，おくの方にも広がっている。

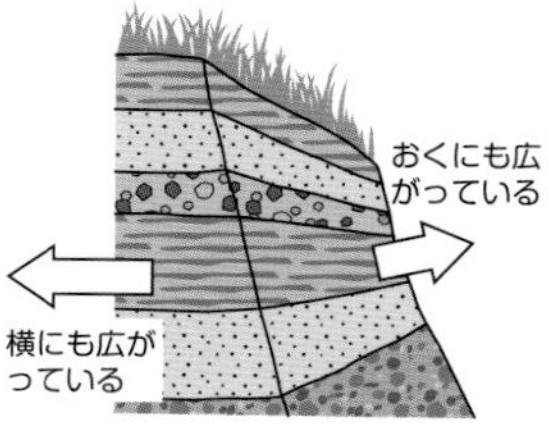

深めるチェック　地層をつくっているもの

地層のそれぞれの層は，**れき・砂・どろ・火山灰**などからできている。

れき・砂・どろの層がある地層

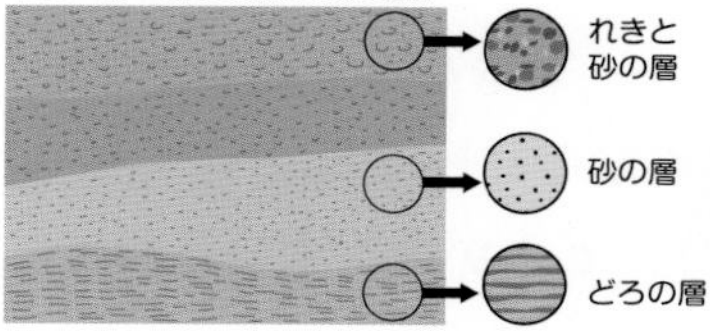

火山灰の層がある地層

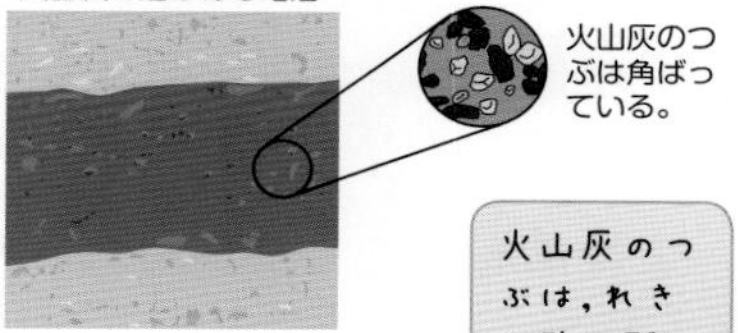

れきや砂のつぶは丸みをおびている。

☑ **れき** … つぶの大きさが２mm以上のもので，ごろごろした手ざわり。

☑ **砂** … つぶがはっきり見え，ざらざらした手ざわり。

☑ **どろ** … つぶは見えないないほど小さく，ぬるっとした手ざわり。

プラス　ボーリング試料

建物などを建てるとき，地下の様子を知るために，機械を使って地面をほって調べることを**ボーリング**という。

ボーリングによってほり出した土を**ボーリング試料**といい，ほり出した場所や深さが記録されている。

ボーリング試料をほり出した深さの順にならべると，地面の下の地層の様子を知ることができる。

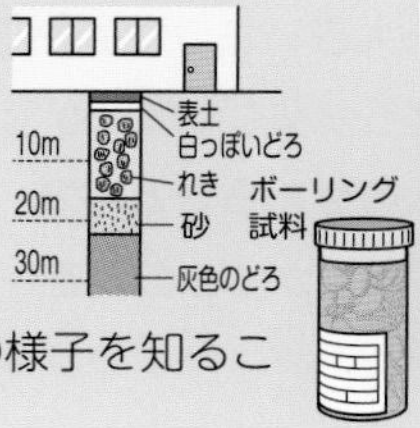

ボーリング調査

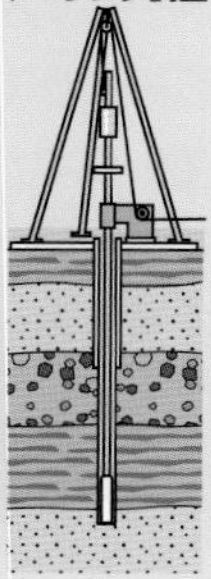

思考力アップ

Q 地層がしま模様になって見える理由を説明しなさい。

A 地層をつくっている一つひとつの層は，**れき**や**砂**，**どろ**，火山灰などからできていて，それぞれつぶの形や**大きさ**，色がちがっているためしま模様になって見える。

16 地層のでき方

ココ大事!

★地層《ちそう》は，流れる水のはたらきで，れきや砂《すな》，どろが海底でたい積してでき，化石をふくむこともある。

★地層をつくっているれきや砂，どろが押《お》し固められて，れき岩，砂岩《さがん》，でい岩などの岩石ができる。

深めるチェック 地層のでき方

地層は，れきや砂，どろなどがたい積してできているが，これらは何によって運ばれ，どのようにしてできるのか調べてみよう。

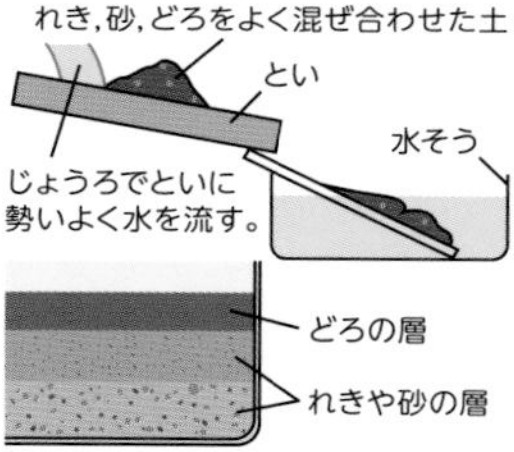

実験 れき，砂，どろをよく混ぜ合わせたものをといの上にのせ，じょうろで勢いよく水を流す操作を何回かくりかえす。

結果 れきや砂，どろが分かれて層ができた。

まとめ つぶが大きいれきや砂が先にしずんで，その上にどろが積もって層ができる。

☑**流れる水のはたらきと地層** … 実験と同じように，川が運んできたれきや砂，どろがつぶの大きい順に海底にたい積して，長い時間をかけて地層ができる。→ふつうは，下にある層ほど古く，上の層が新しい。

深めるチェック 火山のはたらきと地層

地層の中には，火山のふん火でふき出した火山灰や溶岩《ようがん》がそのまま積もってできたものもある。

火山灰のつぶは，れきや砂とちがい，丸みをおびておらず，角ばっている。

▲溶岩の層

☑**火山灰** … 火山がふん火したときに出る小さなつぶ。

深めるチェック 地層をつくる岩石

海底にたい積したれきや砂，どろは，長い時間をかけて押し固められ，岩石になることがある。

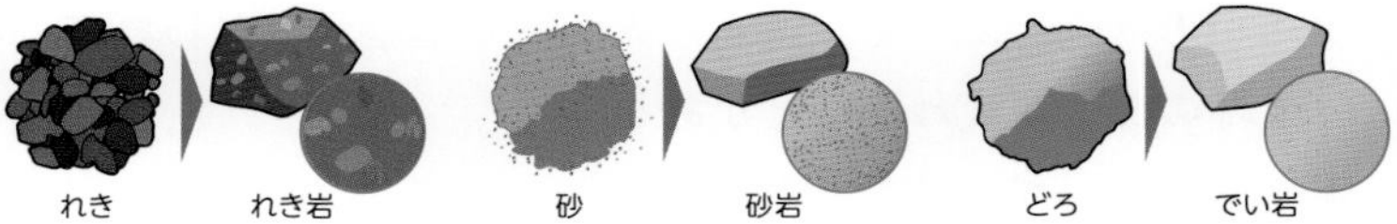

- ☑れき岩 … れきなどが固まってできた岩石。
- ☑砂岩 … 砂が固まってできた岩石。つぶがそろっている。
- ☑でい岩 … どろが固まってできた岩石。つぶが細かい。
- ☑ぎょう灰《かい》岩 … 火山灰の層が押し固められてできた岩石。
- ☑たい積岩 … れき岩・砂岩・でい岩など，地層の中で，上に積もったものの重みで押し固められてできた岩石。

深めるチェック 地層と化石

地層の中から，貝や魚などの大昔の生物の化石が見つかることがある。海などにいた生物の化石が陸上で見られるのは，長い年月の間に海底が押し上げられたからである。

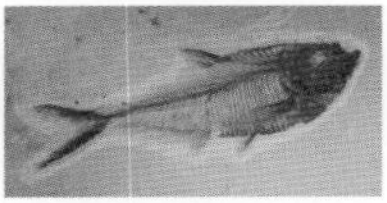
▲魚の化石

▲アンモナイトの化石

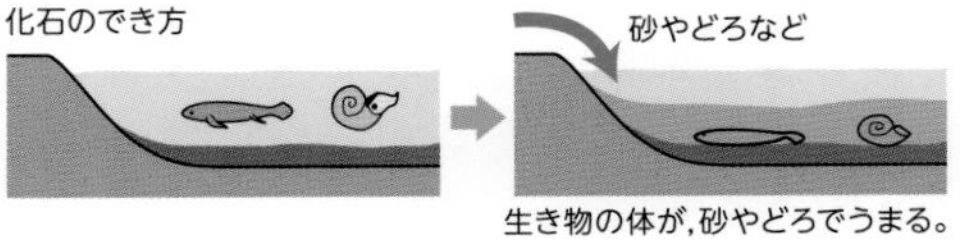

思考力アップ

Q 海底でできたアンモナイトなどの化石が，世界一高いエベレスト山があるヒマラヤ山脈の地層でも見られる理由を説明しなさい。

A 現在のヒマラヤ山脈は，大昔の海底にできた地層が長い年月をかけて押し上げられてできたものだから。

17 火山活動や地震と災害

ココ大事!

★**火山の活動によって，溶岩《ようがん》や火山灰《かざんばい》で土地がおおわれて，土地の様子が変わることがある。**

★**地震《じしん》によって，土地がずれたり，土砂《どしゃ》くずれが発生したりして，土地の様子が変わることがある。**

深めるチェック 火山活動と土地の変化

火山のふん火によって，新しい山や湖ができたり，島が陸続きになったりすることがある。また，土地が火山灰や溶岩でおおわれることもある。

▲山ができる前の平地

火山のふん火

新しい山ができた。

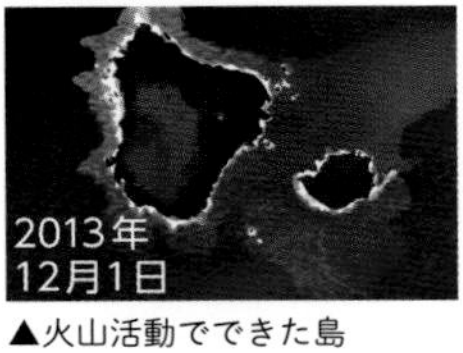

▲火山活動でできた島

火山のふん火

流れ出た溶岩で，近くの島と合体した。

深めるチェック 火山のふん火と災害

火山のふん火によってふき出した，**火山灰**や**溶岩**によって，町がおおわれるなどの災害がおきることがある。

▲火山灰でおおわれた畑

▲溶岩でおおわれた建物

一方で，火山の近くには，多くの温泉がわき出たり，火山の熱を利用した地熱発電を行ったりするなど，火山によるめぐみも受けている。

深めるチェック 地震と土地の変化

地震がおこると，土砂くずれがおこったり，土地がずれたりもち上がったりすることがある。

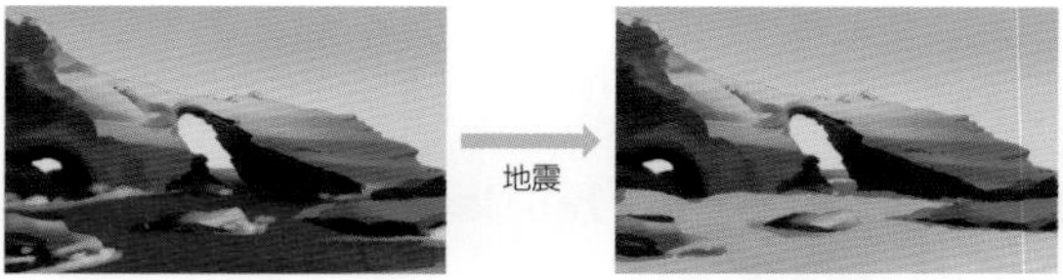

地震がおこる前　　土地が高くなった。

☑震度《しんど》 … 地震のゆれの大きさを表すもの。震度は0～7まであり，10段階に分けられている。

☑断層《だんそう》 … 土地に，押《お》したり引っぱったりする大きな力が加わってできた土地のずれ。

深めるチェック 地震と災害

地震がおこると，家や橋，道路などがこわれるなどの被害が出ることがある。また，海底で地震がおきたときに，津波《つなみ》が発生することがある。

▲地震でこわれた橋や家

▲てい防をこえる津波

▲液状化現象

☑**津波** … 海底でおきた地震で海水が押し上げられ，大きな波となって押し寄せ，高さが10m以上になることもある。

思考力アップ

Ⓠ 大きな地震が発生したとき，どのようなことがおこるか。答えなさい。

Ⓐ 断層ができる。土砂くずれ，津波などがおこる。

18 てこのはたらき

ココ大事!

★てこには，てこを支える支点，力を加える力点，力をはたらかせる作用点がある。

★支点と作用点のきょりが短いほど，支点と力点のきょりが長いほど，加える力は小さくてすむ。

深めるチェック てこのしくみ

棒《ぼう》をある1点で支え，棒の一部に力を加えてものを動かすことができるようにしたものをてこという。てこには，支点・力点・作用点がある。

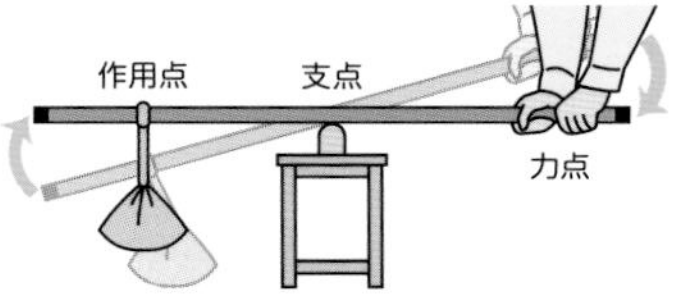

☑**支点** … てこを支えるところ。

☑**力点** … てこに力を加えるところ。

☑**作用点** … ものに力をはたらかせるところ。

深めるチェック てこと作用点の位置

作用点の位置を変えて，力を加えたときの手ごたえを調べてみよう。

実験 支点と作用点のきょりを変えて，手ごたえを調べる。

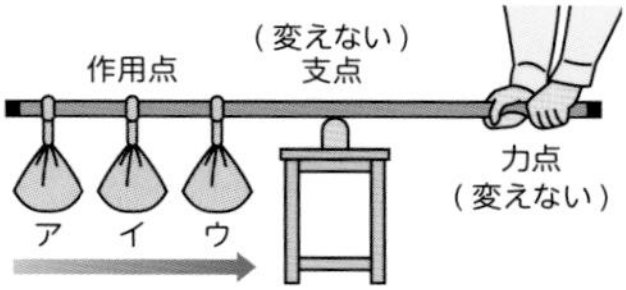

結果 **ア**，**イ**，**ウ**の順に手ごたえが小さくなっていく。

まとめ 作用点が支点に近づくほど，手ごたえは小さくなる。

☑**作用点の位置と力の関係** … 作用点と支点のきょりが短いほど，加える力は小さくてすむ。

深めるチェック てこと力点の位置

力点の位置を変えて，力を加えたときの手ごたえを調べてみよう。

実験 支点と力点のきょりを変えて，手ごたえを調べる。

結果 **ア**，**イ**，**ウ**の順に手ごたえが小さくなっていく。

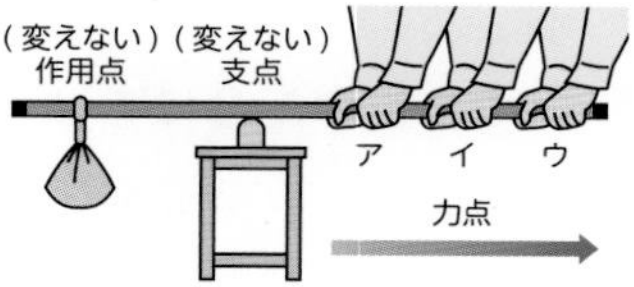

まとめ 力点が支点から遠ざかるほど，手ごたえは小さくなる。

☑**力点の位置と力の関係** … 力点と支点のきょりが長いほど，加える力は小さくてすむ。

深めるチェック てこを利用した道具

身のまわりには，てこを利用したいろいろな道具がある。

① てこの３つの点が，作用点－支点－力点の順になっている道具。

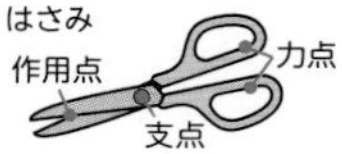

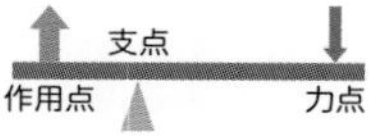

② てこの３つの点が，作用点－力点－支点の順になっている道具。

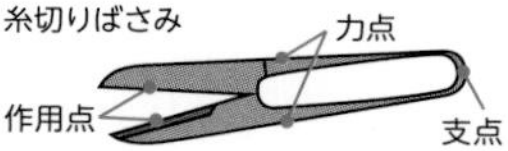

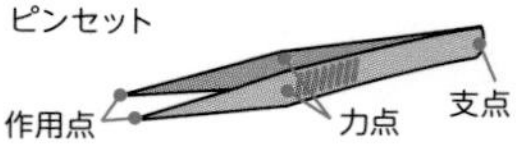

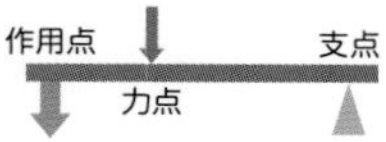

③ てこの３つの点が，支点－作用点－力点の順になっている道具。

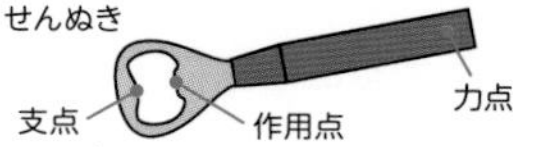

思考力アップ

Q 右の図のように，石を動かそうとしている。どのようにすると，石を楽に動かすことができるか。

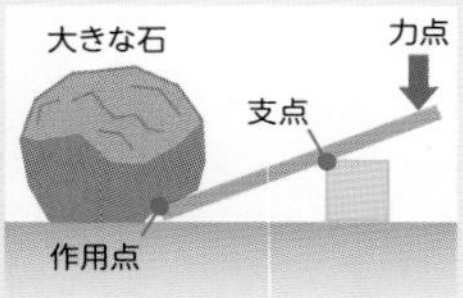

A 作用点と支点のきょりを短くして，支点と力点のきょりを長くする。

19 てこのつり合い

ココ大事!

★てこをかたむけるはたらきは，力の大きさと支点からのきょりの積で表すことができる。

★てこがつり合うのは，左右のうでのてこをかたむけるはたらきが等しいときである。

深めるチェック てこをかたむけるはたらき

てこは，てこをかたむけるはたらきが大きい方にかたむく。

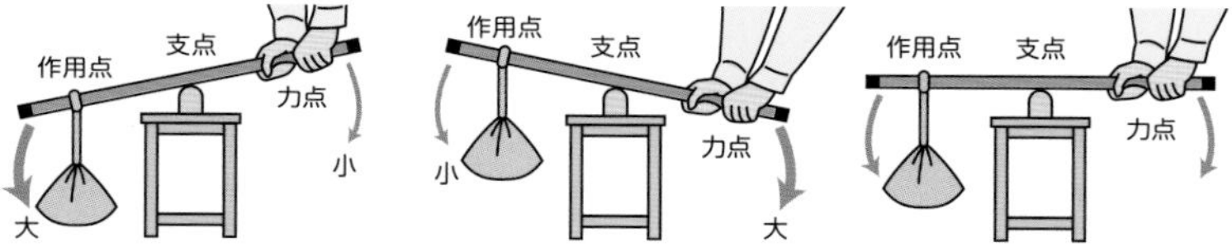

おもりがてこをかたむけるはたらき ＞ 手がてこをかたむけるはたらき	おもりがてこをかたむけるはたらき ＜ 手がてこをかたむけるはたらき	おもりがてこをかたむけるはたらき ＝ 手がてこをかたむけるはたらき

深めるチェック 力の大きさ

手で加える力の大きさは，おもりの重さと置きかえることができる。

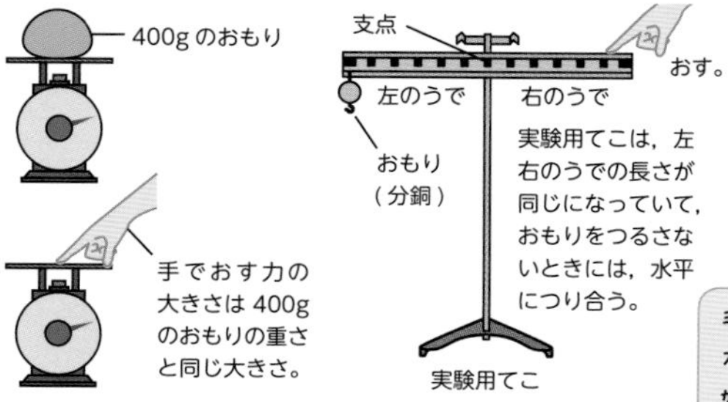

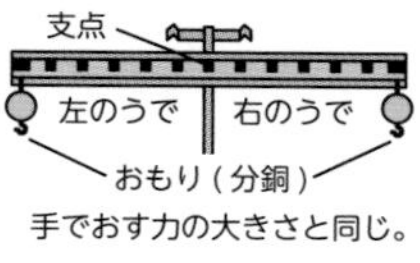

☑**力の大きさ** … 重さで表すことができる。

深めるチェック　てこのつり合いの決まり

てこがつり合うときの決まりを，実験用てこを使って調べてみよう。

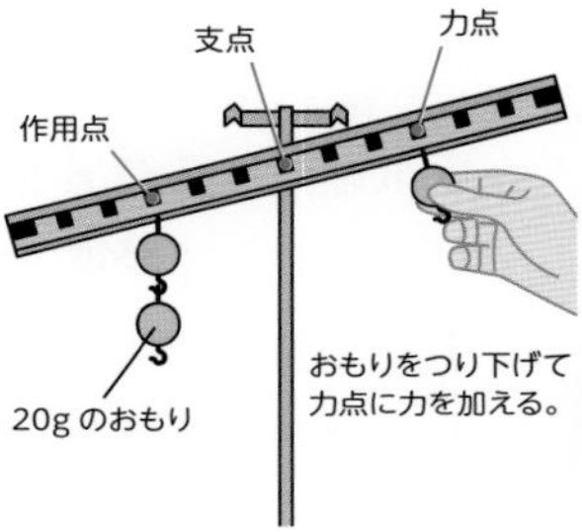

実験 ① 左のうでの３の目もりに20ｇのおもりを１個，または２個つるす。

② 右のうでのいくつかの目もりに，おもりの数を変えてつるし，てこのかたむきを調べる。

結果 てこが水平になったのは次の通り。

左のうで		右のうで	
おもりの重さ(g)	支点からのきょり（作用点）	おもりの重さ(g)	支点からのきょり（作用点）
20	2	20	2
20	3	30	2
40	3	60	2

まとめ [おもりの重さ(力の大きさ)]と[支点からのきょり]との積が，左側と右側で等しくなるときに，てこは水平になる(つり合う)。
てこをかたむけるはたらきは，「力の大きさ×支点からのきょり」で表すことができる。

☑ **てこがつり合うときの決まり** … てこの左のうでと右のうでで，（おもりの重さ）×（支点からのきょり）が，等しいときにつり合う。

思考力アップ

Q 右の図のてこはつり合っていない。
このてこをつり合わせるためには，どちらのうでにどれだけのおもりをさらにつるせばよいか。

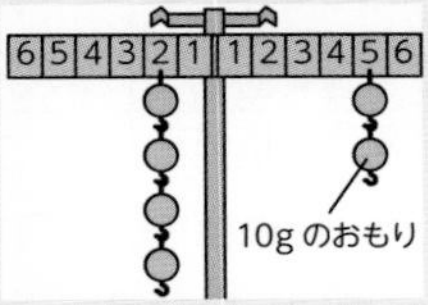

A 左のうでの２の位置に１個つるす。または，左のうでの１の位置に２個つるす。

20 電気をつくる

ココ大事!

★電気をつくることを発電《はつでん》といい，手回し発電機や光電池《こうでんち》などを使って発電することができる。

★手回し発電機を速く回したり，光電池に強い光をあてると，大きな電流が流れる。

深めるチェック 手回し発電機と発電

手回し発電機で電気をつくることができるか調べてみよう。

実験 手回し発電機に豆電球や発光ダイオード，電子オルゴール，モーターをつないで，ハンドルを回すと電気がつくられるか調べる。

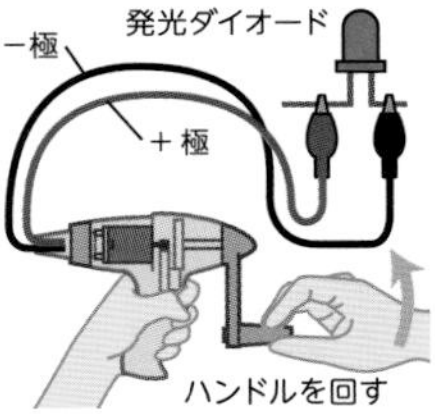

結果

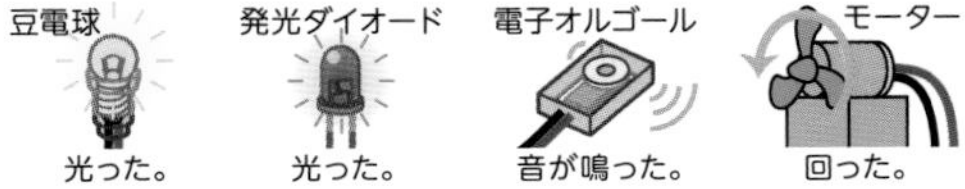

まとめ 手回し発電機で，電気をつくることができた。手回し発電機を回す向きや速さを変えると，つないだものの様子が変わる。

	豆電球	発光ダイオード	電子オルゴール	モーター
ゆっくり回す	光る	光る	鳴る	回る
速く回す	明るく光る	明るく光る	音が大きくなる	速く回る
逆向きに回す	光る	光らない	鳴らない	逆向きに回る

手回し発電機を**速く回す**と，大きな電流が流れる。

☑**手回し発電機** … 回す向きを逆にすると，電流の向きも逆になる。

☑**発光ダイオード** … ＋極から－極に電流が流れたときだけ光る。手回し発電機を逆向きに回すと，電流の向きも逆になるのでつかない。

深めるチェック　光電池と発電

光電池に光をあてて，電気をつくることができるか調べてみよう。

実験 光電池に豆電球や発光ダイオード，電子オルゴール，モーターをつないで，光をあてて電気がつくられるか調べる。

結果 手回し発電機と同じように電気がつくられた。

まとめ 手回し発電機と同じように，電気をつくることができた。

☑ **光電池の特徴** … 次のような特徴がある。

- 光電池にあたる光が強いほど，大きな電流が流れる。
- 光のあたる角度が90度に近くなるほど，大きな電流が流れる。
- 光のあたる光電池の面積が大きいほど，大きな電流が流れる。

＋プラス＋　おもな発電方法

- **水力発電**…ダムにたくわえた水が低いところに落ちるときに，水車(タービン)を回して発電する。
- **原子力発電**…ウランなどが分裂するときの熱を利用して発電する。
- **火力発電**…石油や石炭などが燃えるときの熱を利用して発電する。
- **風力発電**…風のはたらきを利用して発電する。
- **地熱発電**…火山の近くで，地下の熱を利用して発電する。

思考力アップ

Q かん電池と光電池を比べたとき，ちがうところはどのようなところか説明しなさい。

A かん電池は暗くても使えるが，光電池は使えない。かん電池は使っていると，やがて電気がとり出せなくなってしまう。

21 電気の利用

ココ大事!

★**発電した電気は，コンデンサーなどにためることができる。**

★**電気は，光や熱，音，回転する運動などに変えて利用することができる。**

深めるチェック　コンデンサーと電気

手回し発電機や光電池で発電した電気をコンデンサーにためると，どのようなものに利用できるか調べてみよう。

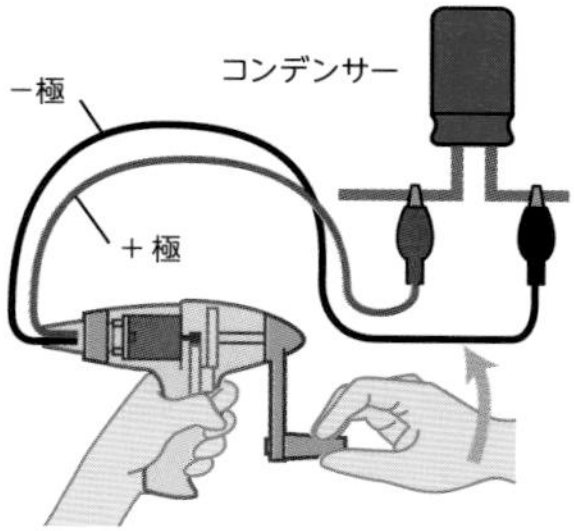

実験　① コンデンサーを手回し発電機につなぎ，発電してコンデンサーに電気をためる。

② 豆電球や発光ダイオードなどを，コンデンサーにつないで，利用できるかどうか調べる。

結果　豆電球や発光ダイオードを光らせたり，モーターを回したり，オルゴールの音を出したりすることができた。

まとめ　ためた電気は，光や回転する動き，音などに変えて使うことができる。

電気は，**熱**に変えることもできる。ドライヤーや電気ストーブの中につながれた電熱線に電流が流れると発熱して，まわりの空気をあたためる。

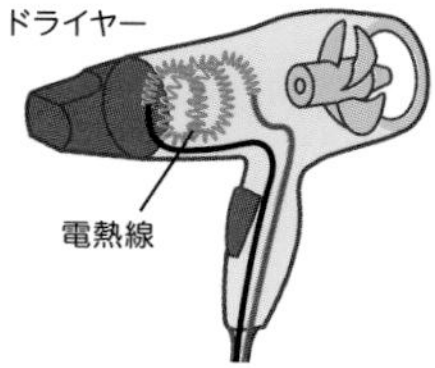

☑ **蓄電《ちくでん》(充電《じゅうでん》)** … 電気をためること。充電池は，コンデンサーよりも多くの電気をためることができ，電気自動車などで利用されている。

深めるチェック　豆電球と発光ダイオード

コンデンサーにためた電気を，つなぐものによって使える時間がちがうか調べてみよう。

実験 手回し発電機を同じ回数だけ回してコンデンサーに電気をため，豆電球と発光ダイオードにつなぎ，光っている時間を調べる。

結果 発光ダイオードの方が豆電球より長い時間光っていた。

まとめ 発光ダイオードは豆電球と比べて，使われる電気の量が少ない。

明かりがついていた時間の例

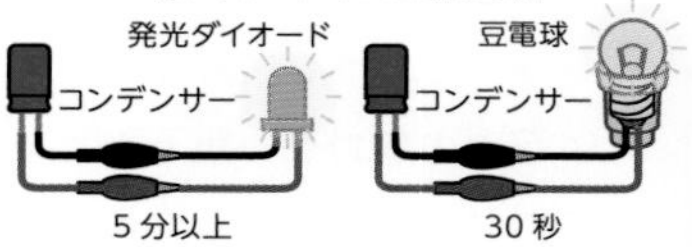

☑**発光ダイオードの利用** … 少ない電気で長い時間使えることから，電《でん》光《こう》けいじ板《ばん》や信号機などに利用されている。

深めるチェック　電気の利用

身のまわりの電化製品では，電気を光や熱，音，回転する動きなどに変えて利用している。

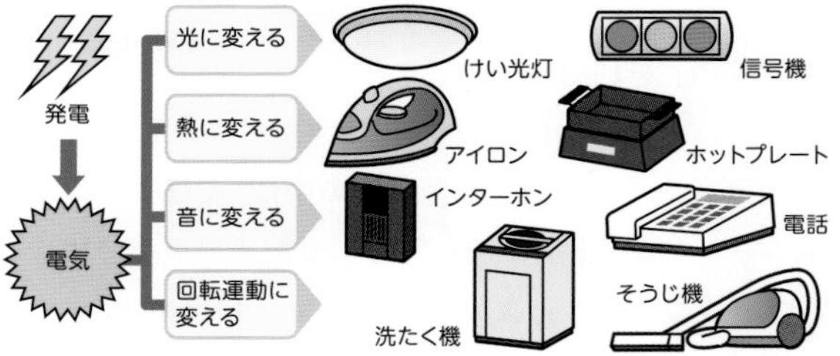

思考力アップ

Q 豆電球とくらべて，発光ダイオードはどのような長所があるか説明しなさい。

A 発光ダイオードは豆電球と比べて，使う電気の量が少ないので，長い時間使うことができる。

理科コラム

～炎色反応～

「ドーン」という大きな音とともに，夜空をあざやかに染《そ》める打ち上げ花火。その美しさに感動しますよね。赤，緑，黄，オレンジ…。どうしてあんなにきれいな色が出るのでしょうか。

花火の魅力《みりょく》を一段《いちだん》と高めている，はなやかな色彩《しきさい》のカギをにぎるのは，発色剤《ざい》にふくまれるさまざまな種類の金属にあります。

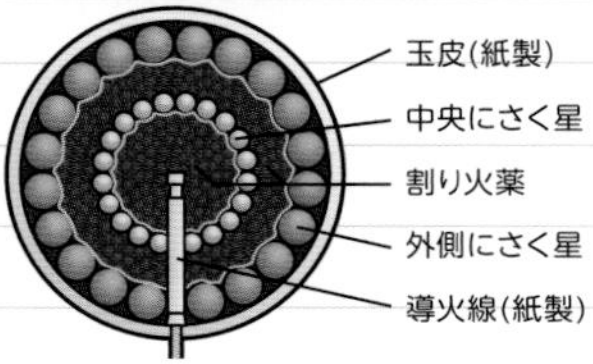

花火の色を決める発色剤にふくまれる金属は，燃やしたときにその物質特有の色を出します。カルシウムは橙《だいだい》色，銅は青緑色，ナトリウムは黄色など美しい色の炎《ほのお》が見えます。この反応を「炎色反応《えんしょくはんのう》」といい，花火は，この「炎色反応」を利用しています。

一般的《いっぱんてき》な打ち上げ花火では，大きな花火玉の中に，2種類の火薬が入っています。1つは，上空で花火玉を割《わ》るための火薬です。もう1つが丸いつぶ状の「星」とよばれる火薬で，花火の光の1つずつとなってさまざまな色を出します。この「星」には，「炎色反応」をおこす金属がふくまれています。「星」に入っている成分が，上空で火薬によって燃えて「炎色反応」をおこし，金属の種類によって橙色や黄色などちがう色を出すのです。このような花火のしくみを知っていると，別の見方で，花火を鑑賞《かんしょう》することができるかもしれませんね。

社会

01 古代の日本の様子

ココ大事！ 縄文時代・弥生時代

★縄文《じょうもん》時代には土偶《どぐう》，貝塚《かいづか》がつくられた。

★弥生《やよい》時代には米づくりが伝わり，豪族《ごうぞく》が現れた。

★邪馬台国《やまたいこく》の女王・卑弥呼《ひみこ》が30ほどのくにを従《したが》えた。

★古墳《こふん》時代には大和朝廷《やまとちょうてい》（大和政権《せいけん》）がつくられた。

深めるチェック　縄文時代

縄文時代は狩《か》りや採集をしてくらしていた時代である。**たて穴住居《あなじゅうきょ》**でくらし，人々の間に身分の差はなかったと考えられている。縄文土器が使われ，1万年ほど続いた。

▲縄文土器（新潟県長岡市教育委員会）

- ☑縄文土器 … 調理や食料の保管に使用。
- ☑土偶 … 土の人形。女性をかたどったものが多い。
- ☑貝塚 … 貝がらや魚の骨《ほね》，いらなくなった土器などを捨《す》てていた場所。

深めるチェック　弥生時代

中国《ちゅうごく》や朝鮮《ちょうせん》半島から移り住んだ人々が，米づくりの技術や**青銅器**，鉄器を伝え，広まった。縄文土器よりうすくて丈夫《じょうぶ》な弥生土器を使用。むらでは指導者（首長）が現れ，身分の差が広がった。ほかのむらを従える首長も現れ，地域《ちいき》の支配者（**豪族**）となり，くにをつくった。

▲銅たく　（国（文化庁保管），島根県立古代出雲歴史博物館）

- ☑青銅器 … 祭りのときに使われたと考えられている**銅たく**がつくられた。
- ☑米づくり … 収穫には**石包丁《いしぼうちょう》**が使われ，**高床《たかゆか》倉庫**に保管。
- ☑邪馬台国 … 中国歴史書に，3世紀ごろ，女王の卑弥呼が30ほどのくにを従えていたと，書かれている。

深めるチェック 古墳時代

3世紀後半から，日本各地で**古墳**(豪族の墓)がつくられた。特に大きな古墳は奈良や大阪に多く見られ，この地域の豪族たちは強い勢力をもっていたとされる。かれらは**大和朝廷**(大和政権)という政府をつくり，5世紀には九州から関東までの豪族を従えた。

- ☑**前方後円墳**《ぜんぽうこうえんふん》… かぎ穴《あな》の形をした古墳。大阪府の**大仙古墳**《だいせん》など。
- ☑**鉄剣**《てっけん》… **稲荷山**《いなりやま》**古墳**(埼玉県)から出土。
- ☑**大王**《おおきみ》… 大和朝廷の中心となった人物で，のちの**天皇**《てんのう》になった。
- ☑**渡来人**《とらいじん》… 大陸から日本にきて，漢字や仏教などの文化を伝えた。

プラス 日本各地の遺跡

日本各地で古代の遺跡《いせき》がたくさん見つかっている。

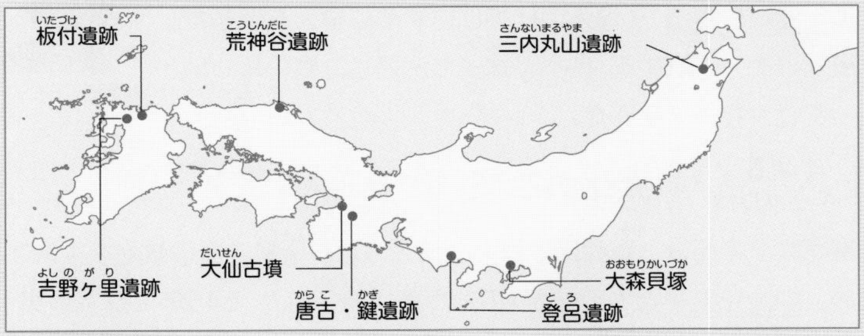

▲日本各地の遺跡

思考力アップ

Q 縄文時代，弥生時代，古墳時代の人々の身分の差はどう変わったか。

A **縄文時代**は**狩り**や**採集**が中心だったため，人々の間に身分の差はなかった。**弥生時代**になると米づくりが広まったことで指導者(首長)が現れ，力をもつ首長は**豪族**となった。**古墳時代**には豪族たちがさらに強い権力をもった。

02 聖徳太子と大化の改新

ココ大事！ 飛鳥時代

★摂政《せっしょう》の聖徳太子《しょうとくたいし》は蘇我馬子《そがのうまこ》と協力して政治を行った。
★中大兄皇子《なかのおおえのおうじ》と中臣鎌足《なかとみのかまたり》は大化《たいか》の改新《かいしん》を行った。
★701年に大宝律令《たいほうりつりょう》がつくられた。

深めるチェック 聖徳太子

593年，聖徳太子はおばの**推古天皇《すいこてんのう》**を助ける役職(摂政)になった。**蘇我馬子**と協力し，天皇を中心とする国づくりを進めた。

☑**冠位十二階《かんいじゅうにかい》** … 身分に関係なく，能力のあるものに役職をあたえたしくみ。
☑**十七条《じゅうしちじょう》の憲法《けんぽう》** … 役人の仕事に対する心構えを示した。
☑**遣隋使《けんずいし》** … 隋《ずい》(中国)に小野妹子《おののいもこ》を派遣《はけん》し，隋の新しい文化や技術を学んだ。

▲聖徳太子

深めるチェック 大化の改新

聖徳太子の死後，蘇我氏《そがし》は勢力を拡大《かくだい》した。天皇《てんのう》中心の政治を実現するため，中大兄皇子と中臣鎌足(のちの藤原鎌足《ふじわらのかまたり》)は，645年に蘇我蝦夷《そがのえみし》・入鹿《いるか》の親子をたおし，中央集権《ちゅうおうしゅうけん》国家をつくる改革をおこなった。これらの改革を大化の改新という。

☑**公地公民** … 土地と人民を天皇が治めるしくみ。
☑**班田収授《はんでんしゅうじゅ》** … 人々に一定の田畑(**口分田《くぶんでん》**)をあたえた。
☑**税の制度** … 収穫《しゅうかく》した稲《いね》の約3%を納《おさ》める**租《そ》**，地方の特産物を納める**調《ちょう》**，都で労働するか布を納める**庸《よう》**などの税の制度がつくられた。
☑**兵役《へいえき》** … 成人男子は衛士《えじ》(朝廷《ちょうてい》の警備《けいび》)や防人《さきもり》(北九州の警備)につかせた。

深めるチェック 大宝律令

大化の改新のあとは天皇の権力《けんりょく》が強まり，天皇の一族や豪族《ごうぞく》は**貴族《きぞく》**として朝廷での役職をあたえられた。中大兄皇子は**天智《てんじ》天皇**として即位して法や戸籍《こせき》をつくった。天智天皇の死後，**大海人皇子《おおあまのおうじ》**(天智天皇の弟)が**壬申《じんしん》の乱《らん》**に勝ち，**天武《てんむ》天皇**として即位《そくい》した。天武天皇の死後，皇后《こうごう》が**持統天皇**として即位して，**藤原《ふじわら》京**をつくった。701年に**文武《もんむ》天皇**が唐《とう》(中国)の法律《ほうりつ》を手本に，刑ばつの決まりや政治をおこなうための決まりを定めた**大宝律令《たいほうりつりょう》**をつくった。

☑ **国郡《こくぐん》制度**… 全国を国《くに》と郡に分け，それぞれに役人(**国司《こくし》**・郡司《ぐんじ》)を置いた。

プラス 飛鳥文化

飛鳥文化は飛鳥地方(奈良盆地《ぼんち》南部)に都があったころの文化。国づくりのために**仏教**を広めて，その精神を政治にいかそうとした。日本で**最初の仏教文化**である。**十七条の憲法**の条文の中にも，仏教を敬《うやま》うように書かれている。この時代につくられた**法隆寺《ほうりゅうじ》**は**現存する世界最古の木造建築**である。

- 一に曰《いわ》く，和をもって貴《たっと》しとなし，さからう（争う）ことなきを，宗《むね》となせ。
- 二に曰く，あつく三宝《さんぼう》を敬え。三宝とは，仏・法・僧《そう》なり。

▲十七条の憲法

▲法隆寺

思考力アップ

Q 飛鳥時代にはどのような政治が目指されたか。

A 中国の**隋**や**唐**を手本にした，天皇を中心とする**中央集権国家**。

03 遣唐使と奈良の都

ココ大事! 奈良時代

★710年に**平城京《へいじょうきょう》**に都がうつされた。
★**聖武天皇《しょうむてんのう》**が都に東大寺《とうだいじ》を建てた。
★**遣唐使《けんとうし》**が派遣《はけん》され，鑑真《がんじん》が来日した。
★聖武天皇の時代を中心に**天平文化《てんぴょうぶんか》**が栄えた。

深めるチェック　平城京

710年，都が藤原京《ふじわらきょう》から奈良の**平城京**にうつされた。次に**平安京《へいあんきょう》**へ都をうつすまでの約80年間を**奈良時代**という。平城京は唐《とう》(中国)の都(**長安《ちょうあん》**)にならってつくられ，役所や寺院などが建てられた。この時代の農民には，税の負担《ふたん》ができず，農地を捨《す》てる人々もいた。

▲東大寺の大仏

▲行基

☑**聖武天皇** … 8世紀中ごろ，病気の流行や貴族《きぞく》の反乱《はんらん》で世の中が混乱《こんらん》したので，仏教の力で国を守り，人々の不安をしずめようとした。

☑**東大寺** … 聖武天皇によって都に建てられた。渡来人《とらいじん》の子孫で僧《そう》の**行基《ぎょうき》**の協力によって**大仏**がつくられた。

☑**国分寺《こくぶんじ》**・**国分尼寺《こくぶんにじ》** … 聖武天皇によって国ごとにつくられた寺院。

☑**三世一身法《さんぜいっしんほう》** … 人口の増加や，農民の逃亡《とうぼう》などで人々に一律《いちりつ》で与《あた》える**口分田《くぶんでん》**が不足するようになった。そのため，新しく土地を開墾《かいこん》した者には，その人の子孫(3代)までの私有《しゆう》を認《みと》めた。

☑**墾田永年私財法《こんでんえいねんしざいのほう》** … 三世一身法でも口分田が足りないため，743年に朝廷《ちょうてい》は，新しく開墾した土地の所有を認めた。この私有地は**荘園《しょうえん》**とよばれた。

深めるチェック 遣唐使

8世紀，朝廷は，唐から大陸の新しい文化や知識，学問などを取り入れるため，遣唐使を派遣した。894年，菅原道真《すがわらのみちざね》の意見により停止されるまで続いた。

☑**鑑真**…仏教の教えを正しく広めてくれる僧を求めた朝廷の願いに応じて来日。**唐招提寺**《とうしょうだいじ》を開き，日本の仏教の発展《はってん》に大きな役割《やくわり》を果たした。

深めるチェック 天平文化

奈良時代には，聖武天皇の時代を中心に，唐のえいきょうを受けた仏教文化が栄えた。これを天平文化という。

☑**正倉院**《しょうそういん》…聖武天皇の遺品《いひん》などの宝物《ほうもつ》が収《おさ》められている。宝物の中には，中国とヨーロッパをつなぐ交易路(シルクロード)を通して伝わった中国やペルシャ(今のイラン)の文化のえいきょうを受けたものもある。

＋プラス＋ 奈良時代の文学

歴史書の「古事記《こじき》」や「日本書紀《にほんしょき》」，地理書の「風土記《ふどき》」，**日本最古の歌集**である「万葉集《まんようしゅう》」がある。

防人《さきもり》のうた　着物のすそに取り付いて泣く子をおいてきてしまった。母もいないのに，今ごろどうしているのだろうか。

思考力アップ

Q 当時の日本と唐とのかかわりはどうなっていたのだろうか。

A 遣唐使を派遣し，**仏教**や文化，知識，学問などを積極的に取り入れた。

04 藤原道長と貴族の暮らし

ココ大事! 平安時代

★794年に桓武天皇《かんむてんのう》が平安京《へいあんきょう》に都をうつした。

★国風文化《こくふうぶんか》は貴族《きぞく》中心の日本風の文化であった。

★平清盛《たいらのきよもり》が武士として初めて太政大臣《だいじょうだいじん》になった。

★源 義経《みなもとのよしつね》が壇ノ浦《だんのうら》の戦いで平氏《へいし》をほろぼした。

深めるチェック 平安京

平城京《へいじょうきょう》の寺院勢力が強くなったため，**桓武天皇**は784年に都を京都の長《なが》岡京《おかきょう》に，794年に都を長岡京から京都の**平安京**にうつした。平安京では有力な**貴族**たちの勢力争いが起こり，そのなかでも，むすめを天皇《てんのう》のきさきにした藤原《ふじわら》氏(中臣鎌足《なかとみのかまたり》の子孫)が力をのばした。

☑藤原道長《ふじわらのみちなが》(父)・頼通《よりみち》(子) … 天皇の仕事を助ける**摂政《せっしょう》・関白《かんぱく》**となり，天皇にかわって政治を行うなど，もっとも栄えた。

この世をば
わが世とぞ思ふ
望月の欠けたる
ことも
なしと思へば

▲道長がよんだ和歌

深めるチェック 国風文化

平安時代は遣唐使《けんとうし》が停止されており，日本風の文化が貴族を中心に広まった。これを国風文化という。

☑**国風文化** … 貴族たちは寝殿造《しんでんづくり》とよばれる屋しきに住んだ。日本独自の，**大和絵《やまとえ》**が発達した。男性は束帯《そくたい》，女性は**十二単《じゅうにひとえ》**を着るようになった。

▲十二単と束帯

☑**かな文字** … 漢字をもとにしてつくられたひらがなやかたかな。かな文字で書かれた**紫式部《むらさきしきぶ》**の「源氏物語《げんじものがたり》」や**清少納言《せいしょうなごん》**の「枕草子《まくらのそうし》」などがうまれた。

深めるチェック　源氏と平氏

10世紀ごろに**武士**が現れ，その中でも，**源氏《げんじ》**と**平氏**が勢力をのばした。平氏は**保元《ほうげん》の乱《らん》**(天皇と藤原氏の争い)で源氏と活やくしたが，**平治《へいじ》の乱**で源氏に勝ち，政治に関わるようになった。

▲平清盛

- ☑**平清盛** … 武士として初めて**太政大臣**になり，むすめを天皇のきさきにするなど，大きな権《けん》力《りょく》をもった。
- ☑**源頼朝《みなもとのよりとも》** … 平治の乱で平氏に敗れたが，再び平氏をたおす戦いを始めた。弟の**源義経**が平氏を**壇ノ浦の戦い**でほろぼしたが，そのあと，頼朝と対立し，東北へ追われた。

プラス　浄土信仰

平安時代に世の中が混乱《こんらん》すると，阿弥陀仏《あみだぶつ》にすがり，念仏《ねんぶつ》をとなえれば，死後に**極楽浄土《ごくらくじょうど》**へいけるという考えが広まった。これを浄《じょう》土信仰《どしんこう》といい，各地に阿弥陀堂がつくられた。**藤原頼通**は京都の宇《う》治《じ》に**平等院鳳凰堂《びょうどういんほうおうどう》**を建てた。

▲平等院鳳凰堂

思考力アップ

Q 平安時代の政治の権力は，どのように変わったのだろうか。

A **藤原氏**が権力をにぎり，**貴族**による政治が行われたが，平治の乱のあとはしだいに**武士**の力が強くなった。

05 源頼朝と鎌倉幕府

ココ大事! 鎌倉時代

★1192年に源頼朝《みなもとのよりとも》が征夷大将軍《せいいたいしょうぐん》になった。

★源氏《げんじ》の将軍がとだえると，北条《ほうじょう》氏が執権《しっけん》として政治の実《じっ》権《けん》をにぎった。

★元《げん》が2度おそってきた(元寇《げんこう》)。

深めるチェック 鎌倉幕府

壇ノ浦《だんのうら》の戦いで平氏《へいし》に勝利した源頼朝は，自分に従《したが》う武士を**御家人《ごけにん》**とし，1185年，各地に**守護《しゅご》**と**地頭《じとう》**を置き，鎌倉幕府《かまくらばくふ》を開いた。

1192年，**頼朝**は**征夷大将軍**になった。その後，3代で源氏の将軍がとだえると，**北条氏**が将軍を助ける役職である執権となって幕府の政治をおこなった。

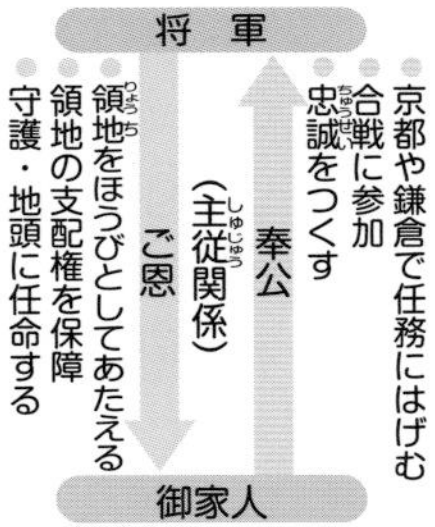

▲ご恩と奉公

☑ご恩《おん》と奉公《ほうこう》… 将軍と御家人の関係。

☑守護 … 国内の軍事・警察《けいさつ》の仕事をした。

☑地頭 … 年貢《ねんぐ》の取り立てをした。

☑**征夷大将軍** … 武士の中でもっとも高い地位。

☑承久《じょうきゅう》の乱《らん》… 1221年に朝廷は幕府をたおそうとしたが，幕府が勝った。

深めるチェック 元寇

13世紀にモンゴルが中国を支配すると，国号《こくごう》を元とした。元に日本は従うようにと，**皇帝《こうてい》フビライ**が使者を送ってきたが，執権北条時宗《ときむね》はこれを退《しりぞ》け，元と戦いが起こった。幕府は元軍を追いはらうことに成功《せいこう》したが，御家人にほうびの領地をあたえられず，御家人は幕府に対して不満をもつようになっていった。

☑元寇 … 元との2度の戦い(**文永《ぶんえい》の役《えき》**・**弘安《こうあん》の役**)。

深めるチェック　鎌倉文化

▲金剛力士像

鎌倉文化は，武士を中心とする力強い文化である。

☑「平家物語《へいけものがたり》」… 平家の歴史を**琵琶法師《びわほうし》**が語り歩き，全国に伝えた。

☑随筆《ずいひつ》 … **鴨長明《かものちょうめい》**の「方丈記《ほうじょうき》」，**吉田兼好《よしだけんこう》**の「徒然草《つれづれぐさ》」。

☑東大寺南大門《なんだいもん》 … **運慶《うんけい》・快慶《かいけい》**らがつくった金剛力士像《こんごうりきしぞう》が収《おさ》められている。

＋プラス＋　鎌倉仏教

争いが続いた鎌倉時代の人々は**宗教《しゅうきょう》**に救いを求めた。そのため，むずかしい知識や教養のないふつうの人にもわかりやすい新しい仏教が多くうまれた。

系統	宗派	開いた人	教え・特色
念仏宗《ねんぶつしゅう》	浄土宗《じょうどしゅう》	法然《ほうねん》	一心に念仏を唱《とな》えれば，だれでも極楽浄土《ごくらくじょうど》へ行ける
	浄土真宗《じょうどしんしゅう》	親鸞《しんらん》	
	時宗《じしゅう》	一遍《いっぺん》	踊念仏《おどりねんぶつ》を行う
日蓮（法華）宗《にちれんほっけしゅう》		日蓮	題目《だいもく》を唱えれば，人も国家も救《すく》われる
禅宗《ぜんしゅう》	臨済宗《りんざいしゅう》	栄西《えいさい》	座禅《ざぜん》によって自分でさとりを開く
	曹洞宗《そうとうしゅう》	道元《どうげん》	

▲鎌倉時代の新しい仏教

思考力アップ

Q **御家人**はなぜ**鎌倉幕府**に不満をもつようになったか。

A 元寇が起きたとき，多くの費用を使い，命がけで戦ったが，幕府は御家人にほうびの土地をあたえなかったから。御家人の生活は苦しくなり，幕府に不満をもった。

06 足利尊氏と室町幕府

ココ大事! 室町時代

★後醍醐天皇《ごだいごてんのう》が建武《けんむ》の新政《しんせい》をおこなうが失敗した。
★足利尊氏《あしかがたかうじ》が室町幕府《むろまちばくふ》を開いた。
★将軍《しょうぐん》のあとつぎ問題で応仁《おうにん》の乱《らん》が起きた。
★強い大名《だいみょう》が領地争いをする戦国《せんごく》時代になった。

深めるチェック 建武の新政

元寇《げんこう》のあと，**御家人《ごけにん》**の生活が苦しくなり，幕府に不満をもつようになったので，**鎌倉幕府**は徳政令《とくせいれい》(借金を帳消しにする)を出した。しかし経済《けいざい》は混乱《こんらん》し，御家人の生活はますます苦しくなった。1333年，後醍醐天皇は鎌倉幕府を足利尊氏らとともにほろぼした。

☑建武の新政 … **後醍醐天皇**による公家《くげ》中心の政治。しかし武士たちは，再び武士中心の政治をのぞみ，尊氏が後醍醐天皇を京都から追放し，**光明天皇**をたてた。
☑南北朝《なんぼくちょう》時代 … **南朝**(後醍醐天皇)と**北朝**(光明天皇)のそれぞれに天皇がいた時代。

深めるチェック 室町幕府

足利尊氏が1338年に征夷大将軍《せいいたいしょうぐん》となり，室町幕府を開いた。

☑守護《しゅご》大名 … 鎌倉時代に設置された**守護**は，自らの国内の武士を支配し，守護大名とよばれるようになった。
☑足利義満《よしみつ》 … 室町幕府の3代将軍。南朝と北朝を統一した。
☑日明《にちみん》貿易 … 義満が**明(中国)**と行った貿易。海ぞくの倭《わ》寇《こう》を取りしまるため，正式な船には勘合《かんごう》という証明書を配布したので**勘合貿易**ともいう。

▲足利義満

深めるチェック 応仁の乱

8代将軍足利義政《よしまさ》のあとつぎ問題で守護大名が対立し，1467年に応仁の乱が起こった。この戦いは約11年続き，室町幕府はおとろえた。

☑**戦国時代** … 下の身分のものが上の身分のものをたおす**下剋上**《げこくじょう》の風潮《ふうちょう》が広まり，実力のある**戦国大名**が現れ，領地支配を固めた。戦国大名はまわりの戦国大名と激《はげ》しい領地争いをした。

深めるチェック 室町文化

☑金閣《きんかく》 … 3代将軍足利義満が京都の北山《きたやま》に建てた。

☑銀閣《ぎんかく》 … 8代将軍足利義政《よしまさ》が東山《ひがしやま》に建てた。東求堂《とうぐどう》は，たたみやふすまなどを使った書院造《しょいんづくり》の代表である。

☑水墨画《すいぼくが》 … 墨《すみ》だけを使ってえがく。雪舟《せっしゅう》が完成させた。

☑能《のう》 … **観阿弥**《かんあみ》**・世阿弥**《ぜあみ》の父子が完成させた。

▲書院造

プラス 各地の一揆

室町時代には，日本各地で一揆《いっき》が起こった。

▲日本各地の一揆

思考力アップ

Q 室町時代の文化で現在も続いているものはあるだろうか。

A 書院造のたたみやふすまなどは現在の**住宅**《じゅうたく》**の和室**の形のもととなっている。また，観阿弥・世阿弥によって完成した能は現在も伝統芸能として続いている。

07 信長・秀吉の全国統一

ココ大事! 戦国時代〜安土桃山時代

★外国から鉄砲《てっぽう》とキリスト教が日本に伝わった。
★織田信長《おだのぶなが》が長篠《ながしの》の戦いで武田《たけだ》氏に勝った。
★豊臣秀吉《とよとみひでよし》が明智光秀《あけちみつひで》をたおし，全国を統一した。

深めるチェック 鉄砲とキリスト教

1543年，ポルトガル人が乗った中国船が種子島《たねがしま》(鹿児島県)に流れ着いて，日本に鉄砲が伝えられた。**堺**《さかい》(大阪府)や**国友**《くにとも》(滋賀県)で大量生産され，戦いに使われた。

☑**キリスト教** … スペイン人のフランシスコ＝ザビエルによって，日本に伝えられた。

▲ザビエル

深めるチェック 織田信長

尾張《おわり》(愛知県)の戦国大名だった織田信長は，有力な戦国大名をたおし，勢力を広げていった。信長が築いた**近江**《おうみ》(滋賀県)の安土城《あづちじょう》の城下町では**楽**《らく》**市**《いち》・**楽座**《らくざ》をおこない，商工業が発展《はってん》していった。しかし全国統一の途中《とちゅう》で，家来の明智光秀に裏切《うらぎ》られ，命を落とした(**本能寺**《ほんのうじ》**の変**)。

☑**桶狭間**《おけはざま》**の戦い** … 駿河《するが》(愛知県)の**今川義元**《いまがわよしもと》をたおした。

☑**長篠の戦い** … 甲斐《かい》(山梨県)の**武田勝頼**《たけだかつより》と，**織田信長**と**徳川家康**《とくがわいえやす》の連合軍が戦った。鉄砲を使うことで，最強といわれた武田軍の騎馬《きば》隊をたおした。

▲長篠の戦い

☑**仏教勢力** … 信長に対抗《たいこう》していた比叡山延暦寺《ひえいざんえんりゃくじ》(滋賀県)や**一向宗**《いっこうしゅう》などを武力でおさえた。反対にキリスト教は保護した。

深めるチェック　豊臣秀吉

本能寺の変のあと，**明智光秀**を豊臣秀吉がたおした。**大阪城**を築いた秀吉に他の戦国大名も従《したが》い，1590年に**全国を統一**した。

▲豊臣秀吉

- ☑検地 … 全国の田畑の面積，収穫量《しゅうかくりょう》，耕作者を調べた。
- ☑刀狩《かたながり》 … 農民の一揆《いっき》を防ぐため，武器を取り上げた。武士と百姓《ひゃくしょう》，町人の身分を明確に区別した。
- ☑**朝鮮《ちょうせん》出兵** … **明《みん》(中国)**を征服《せいふく》するため，朝鮮半島に2度，大軍を送ったが失敗。秀吉の病死で大名たちは朝鮮から引き上げた。

プラス　桃山文化と南蛮文化

桃山《ももやま》文化は大名や大商人たちが中心となった**豪華《ごうか》で雄大《ゆうだい》**な文化。安土城，大阪城，姫路城《ひめじじょう》などの城が築かれた。狩野永徳《かのうえいとく》による**障壁《しょうへき》画《が》**，千利休《せんのりきゅう》による**茶道《さどう》**の大成，出雲阿国《いずものおくに》の**阿国歌舞伎《おくにかぶき》**などがある。

南蛮《なんばん》文化はスペインやポルトガルから伝わった文化。めがね，タバコ，カルタ，カステラ，コンペイトウなどがもたらされた。

▲姫路城

▲千利休

思考力アップ

Q 信長と秀吉はそれぞれ宗教に対してどんな政策《せいさく》をしたのか。

A 信長はキリスト教を保護したので，仏教勢力の比叡山延暦寺や一向宗などに反対され，武力でおさえた。反対に秀吉は**キリスト教**の布教を禁止した。

08 縄文時代～安土桃山時代（年表）

時代	世紀	年	おもなできごと
縄文《じょうもん》時代		1万年前	狩《か》りや採集が中心の生活であった。
		･･･	縄文時代。縄文土器，土偶《どぐう》，貝塚《かいづか》など。
弥生《やよい》時代		2300年前	大陸から米づくりが伝わった。
		･･･	弥生《やよい》時代。弥生土器，青銅器，石包丁，高床《たかゆか》倉庫など。
		･･･	指導者（首長）が現れ，身分の差が広がった。
	3	239	邪馬台国《やまたいこく》。女王・卑弥呼《ひみこ》が30あまりのくにを支配。
	4	･･･	古墳《こふん》がつくられはじめた。前方後円墳《ぜんぽうこうえんふん》。
古墳《こふん》時代	5	･･･	大和朝廷《やまとちょうてい》。各地の豪族《ごうぞく》が従《したが》った。大王《おおきみ》はのちの天皇《てんのう》。
	6	593	聖徳太子《しょうとくたいし》の政治。冠位十二階《かんいじゅうにかい》や十七条《じゅうしちじょう》の憲法《けんぽう》など。
飛鳥《あすか》時代	7	645	大化《たいか》の改新。公地公民などの制度ができた。
奈良時代	8	710	平城京《へいじょうきょう》。農民の税の負担《ふたん》が増え始めた。
		724	聖武《しょうむ》天皇の政治。東大寺，国分寺《こくぶんじ》，国分尼寺《こくぶんにじ》など。

時代	世紀	年	おもなできごと
平安《へいあん》時代	8	794	平安京。貴族《きぞく》が中心となって政治をした。 
	9		
	10	・・・	武士が現れる。
	11	1016	藤原道長《ふじわらのみちなが》・頼通《よりみち》。父子で天皇の摂政《せっしょう》・関白となった。
	12	1167	平清盛《たいらのきよもり》の政治。平氏の中心人物。太政《だいじょう》大臣になった。
鎌倉《かまくら》時代		1185	源 頼朝《みなもとのよりとも》の政治。守護《しゅご》・地頭《じとう》を置き，鎌倉幕府《かまくらばくふ》を開いた。
		1192	源頼朝が**征夷大将軍《せいいたいしょうぐん》**になった。
	13	1274	元寇《げんこう》。元との２度の戦い（文永《ぶんえい》の役・1281年弘安《こうあん》の役）。
	14	1333	建武《けんむ》の新政。後醍醐《ごだいご》天皇が政治をした。
室町《むろまち》時代		・・・	南北朝《なんぼくちょう》時代。南朝（後醍醐天皇）と北朝（足利尊氏《あしかがたかうじ》）。
		1338	室町《むろまち》幕府。足利尊氏が開いた。
		1369	足利義満《あしかがよしみつ》の政治。３代将軍《しょうぐん》で1392年北朝と南朝を統一した。  ▲義満が建てた金閣
室町時代（戦国《せんごく》時代）	15	1467	応仁《おうにん》の乱《らん》。８代将軍**足利義政《あしかがよしまさ》**のあとつぎ問題がきっかけで始まる。（～1477）
		・・・	下剋上《げこくじょう》。身分の下の者が，身分の上の者をたおす風潮《ふうちょう》。
安土桃山《あづちももやま》時代	16	・・・	**織田信長《おだのぶなが》**の政治。桶狭間《おけはざま》の戦いなど。家来の明智光秀《あけちみつひで》に倒《たお》された。
		1590	**豊臣秀吉《とよとみひでよし》**の政治。**全国を統一**した。検地《けんち》や刀狩《かたながり》など。

09 徳川家康と江戸幕府

ココ大事! 安土桃山時代～江戸時代

★**関ヶ原《せきがはら》の戦いで徳川家康《とくがわいえやす》が勝ち，1603年に江戸幕府《えどばくふ》を開いた。**
★**武家諸法度《ぶけしょはっと》を制定し，大名を取りしまった。**
★**キリスト教を禁止して，鎖国《さこく》を始めた。**

深めるチェック　関ヶ原の戦い

関東地方に移った徳川家康は，豊臣秀吉《とよとみひでよし》の死後，豊臣方の代表である石田三成《いしだみつなり》と対立，**1600**年の関ヶ原の戦い（岐阜県）で石田三成をほろぼしたのち，**1603**年に**征夷大将軍《せいいたいしょうぐん》**となり，江戸幕府を開いた。

☑**徳川家康** … 三河《みかわ》（愛知県）の大名の子。幼《おさな》いころに今川《いまがわ》家の人質になった。その後は織田信長と同盟《どうめい》を結んでいた。

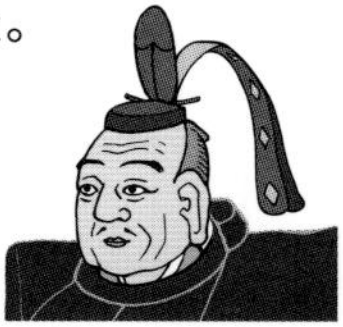
▲徳川家康

深めるチェック　江戸幕府のしくみ

江戸幕府を開いた家康は，大阪城にいた豊臣氏をほろぼし，幕府のしくみを整えていった。

☑**大名** … 全国の大名を，親藩《しんぱん》（徳川家の親戚《しんせき》），譜代《ふだい》（関ヶ原の戦い以前からの家臣），外様《とざま》（関ヶ原の戦いで徳川家に負けてから従《したが》った家臣）に分け，江戸の近くや重要な地域に**親藩**や**譜代**を配置，**外様**は江戸から離《はな》れた地域に配置された。

☑**武家諸法度** … 1615年につくられた**大名が守る決まり。**

☑**参勤交代《さんきんこうたい》** … 大名は1年おきに江戸と領地（藩《はん》）を行き来しなければならない決まり。3代将軍の徳川家光《いえみつ》が武家諸法度に付け加えた。

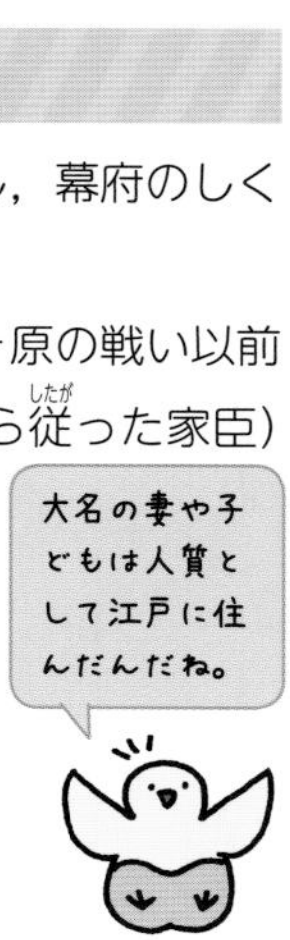

深めるチェック　禁教と鎖国

幕府は，キリスト教信者が増え始めると，幕府に従《したが》わなくなることをおそれてキリスト教を禁止(禁教)し，島原《しまばら》・天草《あまくさ》一揆《いっき》が起きると信者の取りしまりを強めた。また，海外とのやりとりを制限する鎖国を始めた。

☑朱印船《しゅいんせん》貿易 … 江戸初期，幕府から許可状(朱印状《じょう》)をもらった，**京都**や**堺**, **長崎**などの商人たちによる貿易。東南アジア各地に**日本町《にほんまち》**ができたが，禁教が始まると海外へ行くことや帰ってくることが禁止された。

☑島原・天草一揆 … 天草四郎《しろう》(益田時貞《ますだときさだ》)を中心に島原(長崎県)や天草(熊本県)で起きたキリスト教信者による一揆。原因はキリスト教信者の取りしまりと重い年貢《ねんぐ》。一揆のあと，幕府はキリスト教信者に，キリストなどの像(踏絵《ふみえ》)を踏《ふ》ませる絵踏《えふみ》をして，信者であるかを調べた。

▲踏絵

☑鎖国 … 貿易港は出島《でじま》(長崎県)だけになり，貿易する国は，キリスト教を広めるおそれのないオランダと中国だけに限定された。

☑朝鮮《ちょうせん》 … 対馬藩《つしまはん》(長崎県)を通じて貿易が行われ，**朝鮮**からは江戸幕府の将軍がかわるごとに朝鮮通信使が訪《おとず》れた。

☑北海道 … 北海道を中心とした地域の先住民族であるアイヌの人々が**松前藩《まつまえはん》**(北海道南部)と交易をしていたが，**アイヌ**の人々にとって不利な条件だったため，シャクシャインを中心に戦いが起こった。

☑沖縄 … **薩摩藩《さつまはん》**(鹿児島県)が琉球《りゅうきゅう》王国に力をおよぼしていた。

思考力アップ

Q 江戸幕府はなぜキリスト教を禁止しようとしたか。

A 1603年に**江戸幕府**ができたころはキリスト教を許していたが，信者が増えてくると，幕府のいうことをきかなくなる可能性があったから。

10 町人の文化と産業の発達

ココ大事! 江戸時代

★武士，町人《ちょうにん》，百姓《ひゃくしょう》と身分が分けられた。

★五街道《ごかいどう》が整備され，商業・農業が発展した。

★8代将軍徳川吉宗《とくがわよしむね》が享保《きょうほう》の改革《かいかく》をおこなった。

深めるチェック 身分制度

江戸《えど》時代の**身分**は武士，町人，百姓に分けられた。その他に，百姓や町人とは区別されて厳《きび》しい差別にあった人々もいた。**江戸**や**大阪**には多くの町人が住み，百姓は年貢《ねんぐ》を納《おさ》めていた。女性の地位は男性より低かった。

☑**武士** … 名字《みょうじ》を名のり，刀を差す特権《とっけん》があった。

☑**町人** … 職人や商人らが，城下町に住んだ。

☑**百姓** … 幕府は五人組《ごにんぐみ》というしくみをつくり，百姓たちに年貢を納めない者や犯罪者がいた場合，連帯責任《れんたいせきにん》をおわせた。

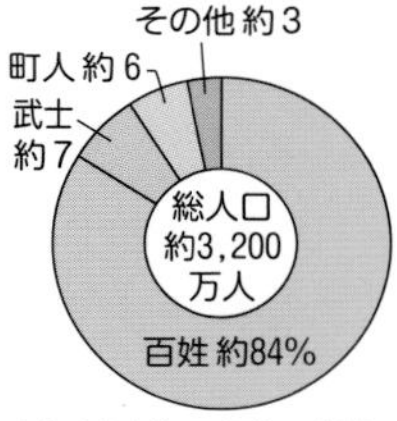

▲江戸時代の身分の割合

深めるチェック 産業と都市の発達

政治の中心となった**江戸**は「将軍《しょうぐん》のおひざもと」，経済《けいざい》の中心であった**大阪**は「天下《てんか》の台所《だいどころ》」とよばれるようになった。江戸と各地を結ぶ五街道，大阪から全国に運ばれる航路が整備された。

☑**株仲間《かぶなかま》** … 商人が同業ごとにつくった組合。営業を独占《どくせん》した。

☑**農具のふきゅう** … 備中《びっちゅう》ぐわや千歯《せんば》こきなどが広まり，**肥料**もくふうされ，生産が高まった。

☑**商品作物** … 綿花やなたね，**茶**，**藍《あい》**など。

▲備中ぐわと千歯こき

深めるチェック　享保の改革

5代将軍徳川綱吉《つなよし》は生き物を保護し，生き物を傷《きず》つけた町人などがいれば厳しく処《しょ》ばつする，生類憐みの令《しょうるいあわれみのれい》を出した。また，海外へ金銀を輸出したことで，幕府財政は悪化した。8代将軍徳川吉宗は享保の改革をおこない，悪化した幕府財政を安定させた。しかし年貢が重くなったため，農民の不満は高まり，百姓一揆《いっき》が起こった。

- ☑ **上《あ》げ米《まい》の制** … 参勤交代《さんきんこうたい》を短くする代わりに，大名から幕府へ年貢《ねんぐ》を納めさせた。
- ☑ **目安箱《めやすばこ》** … 人々の意見を聞くために設置された。
- ☑ **公事方御定書《くじかたおさだめがき》** … 裁判《さいばん》の基準となった。

プラス　元禄文化

上方（大阪・京都）を中心に発展した町人中心の文化。**人形浄瑠璃《にんぎょうじょうるり》**の脚本《きゃくほん》を書いた近松門左衛門《ちかまつもんざえもん》，**俳句《はいく》**をつくった松尾芭蕉《まつおばしょう》，**浮世絵《うきよえ》**の「見返り美人図」をえがいた菱川師宣《ひしかわもろのぶ》などが活やくした。**歌舞伎《かぶき》**が人々の楽しみとして広まった。

▲人形浄瑠璃

▲「見返り美人図」

思考力アップ

Q 吉宗の享保の改革はどのような結果になったか。

A **上げ米の制**で，参勤交代を短くする代わりに大名から幕府へ年貢を納めさせるなど，悪化した幕府財政を安定させた。しかし農民の負担《ふたん》は大きくなり，**百姓一揆**が起こった。

11 開国と江戸幕府の終わり

ココ大事! 江戸時代

★松平定信《まつだいらさだのぶ》が寛政《かんせい》の改革，水野忠邦《みずのただくに》が天保《てんぽう》の改革をおこなったが，いずれも失敗に終わった。

★ペリーが来航，約200年続いた鎖国《さこく》が終わった。

★15代将軍徳川慶喜《よしのぶ》が大政奉還《たいせいほうかん》をし，江戸《えど》時代が終わった。

深めるチェック 寛政・天保の改革

幕府《ばくふ》の財政《ざいせい》を立て直すため，改革がおこなわれた。

☑寛政の改革 … 松平定信による改革。**朱子学《しゅしがく》**をしょうれいした。また，借金に苦しむ旗本《はたもと》・御家人《ごけにん》を救うため，借金を帳消しにした。

☑大塩平八郎《おおしおへいはちろう》の乱 … 幕府の元役人の大塩平八郎が，ききんで苦しむ人々を救うために大阪で起こした反乱。

☑天保の改革 … 水野忠邦による改革。物価上昇《ぶっかじょうしょう》をおさえるため，**株仲《かぶなか》間《ま》**を解散し，幕府の権力を高めようとしたが，改革に失敗した。

深めるチェック ペリーと開国

1853年，アメリカ合衆国のペリーが軍艦《ぐんかん》４せきをひきいて**浦賀《うらが》**(神奈川県)に現れ，日本の開国《かいこく》を求めた。翌年，幕府はアメリカと日米和親条約《にちべいわしんじょうやく》，**1858**年には日米修好通商《しゅうこうつうしょう》条約を結び，200年以上続いた鎖国《さこく》が終わった。

☑日米和親条約 … **下田《しもだ》**(静岡県)と**函館《はこだて》**(北海道)を開港《かいこう》。アメリカの船に水と食料をわたす内容であった。

☑日米修好通商条約 … 大老《たいろう》の井伊直弼《いいなおすけ》が結んだ。日本はアメリカに**治《ち》外法権《がいほうけん》**を認める，**関税自主権がない**，など不平等な条約であった。

☑治外法権 … 外国人が日本で罪をおかしても，日本の法律《ほうりつ》で裁《さば》けない。

☑関税自主権 … 輸入品に税を自由にかけることができる権利。

深めるチェック 江戸幕府の滅亡

開国すると，米などが値上がりして人々の生活は苦しくなり，**世直《よなお》し**を求める百姓一揆《ひゃくしょういっき》や打ちこわしが増えた。尊皇攘夷《そんのうじょうい》運動で外国と戦った薩摩藩《さつまはん》（鹿児島県）と長州藩《ちょうしゅうはん》（山口県）は外国との力の差を感じ，倒幕《とうばく》を目指した。

- ☑**尊皇攘夷運動** … 天皇《てんのう》中心の政治をし，外国を追いはらうという考え方。
- ☑薩長同盟《さっちょうどうめい》 … 対立していた**薩摩藩**（西郷隆盛《さいごうたかもり》・大久保利通《おおくぼとしみち》）と**長州藩**（木戸孝允《きどたかよし》）を坂本龍馬《さかもとりょうま》が説得し，結成させた連合。
- ☑大政奉還 … 15代将軍徳川慶喜が政権を天皇（朝廷《ちょうてい》）に返し，江戸幕府は終わった。
- ☑**戊辰《ぼしん》戦争** … 新政府軍と旧幕府軍の戦い。約１年半続いた。

プラス 化政文化

化政《かせい》文化は，江戸中心の庶民《しょみん》的な文化。蘭学《らんがく》ではオランダ語の医学書を**杉田玄白《すぎたげんぱく》**と**前野良沢《まえのりょうたく》**らが日本語にほん訳した「解体新書《かいたいしんしょ》」，国学《こくがく》では**本居宣長《もとおりのりなが》**が「古事記伝《こじきでん》」を書き，それぞれ発展させた。各地に**寺子屋《てらこや》**ができた。

▲歌川広重の「東海道五十三次」

▲葛飾北斎の「富嶽三十六景」

思考力アップ

Q 開国によって，人々の生活などはどのように変化したか。

A アメリカと貿易が始まると，国内の品物が不足し，米などの値段が上がって，人々の生活は苦しくなった。そのため外国人を日本から追いはらおうと尊皇攘夷運動が起きたが，外国との力の差を思い知らされた。

12 明治維新と文明開化

ココ大事! 明治時代

★新政府は天皇《てんのう》中心の政治を目指した。

★地租《ちそ》改正や徴兵令《ちょうへいれい》など，さまざまな改革《かいかく》がおこなわれた。

★文明開化《ぶんめいかいか》が起こり，西洋の文化が広まった。

深めるチェック 明治維新

天皇中心の政治を目指した新政府は，欧米諸国《おうべいしょこく》をモデルにして次々と改革をおこなった。これを明治維新《めいじいしん》という。

☑**五箇条《ごかじょう》の御誓文《ごせいもん》** … **明治天皇**が発表した，新しい政治の方針《ほうしん》。

☑**版籍奉還《はんせきほうかん》** … 1869年，新政府は大名に領地（**版**）と領民（**籍**）を天皇に返すよう命じた。

☑**廃藩置県《はいはんちけん》** … 1871年，新政府は全国にあった藩《はん》を廃止し，府《ふ》と県《けん》を置いた。

☑**身分制度の廃止** … 天皇の一族は皇族《こうぞく》，大名は華族《かぞく》，武士は士族《しぞく》，百《ひゃく》姓《しょう》・町人は平民《へいみん》になり，皇族以外は全て平等とした。

深めるチェック 富国強兵と殖産興業

新政府は富国強兵《ふこくきょうへい》を進めるため，国の収入《しゅうにゅう》を安定させる地租改正，兵役《へいえき》の義務である徴兵令などを出した。また経済《けいざい》を発展《はってん》させるため，欧米《おうべい》の技術・知識を取り入れて殖産興業《しょくさんこうぎょう》が行われた。

☑**地租改正** … 年貢《ねんぐ》にかわる制度。土地の価格に合わせた税（地租）を決め，**現金**で政府に納《おさ》めさせた。

☑**徴兵令** … 満20才以上の男子に兵役を義務付けた。

☑**富岡製糸場《とみおかせいしじょう》** … 新政府が群馬県につくった官営工場。

▲富岡製糸場

深めるチェック　文明開化

江戸・横浜・大阪などの大都市で，西洋風の文化が広がり，人々の生活様式や考え方に大きなえいきょうをあたえた。これを文明開化という。

- ☑生活 … 新聞が発行され，鉄道が開通した。**太陽暦《たいようれき》**が取り入れられた。
- ☑文化 … 洋服，髪型《かみがた》，牛肉やパンなど，西洋の習慣，食べ物が広がった。
- ☑教育 … 1872年に**学制**が公布されて，全国に小学校がつくらた。６才以上の男女は小学校に通うことになった。
- ☑思想 … **福沢諭吉《ふくざわゆきち》**が「学問のすゝ《(す)》め」を書き，人は生まれたときから平等だと主張した。

▲福沢諭吉

＋プラス＋　明治政府の外交

新政府は日米修好通商条約の**不平等な条約**を改正するために，**欧米諸国**に岩倉使節団《いわくらしせつだん》を派遣《はけん》した。日本はまだ発展途上《とじょう》の国だったため交渉《こうしょう》は失敗したが，西洋の政治のしくみ・産業・文化などを学ぶことができた。

▲特命全権岩倉使節一行

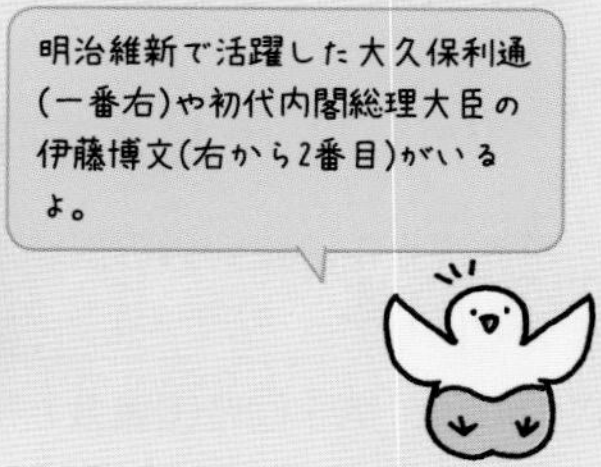

思考力アップ

Q 新政府はなぜ欧米諸国に使節を派遣したのか。

A 江戸時代末期に結んだ，欧米諸国に有利で日本に不利である**不平等な条約**を改正するように交渉するため。

13 大日本帝国憲法の発布

ココ大事! 明治時代

★自由民権運動《じゆうみんけんうんどう》で国会開設が決まった。
★1889年に大日本帝国憲法《だいにっぽんていこくけんぽう》が発布《はっぷ》された。
★日清《にっしん》戦争と日露《にちろ》戦争が起こった。

深めるチェック 自由民権運動

政府の改革《かいかく》に不満をもつ士族《しぞく》が各地で反乱を起こしたが，政府にちん圧された。以後，武力でなく言論《げんろん》で政府に意見するようになった。板垣退助《いたがきたいすけ》は政府に，国会を開き国民の意見を政治に反映《はんえい》させるように要求した。

- ☑民撰議院《みんせんぎいん》設立の建白書《けんぱくしょ》… **1874**年，板垣退助らが国会開設を求めた。
- ☑国会開設の詔《みことのり》 … **1881**年，政府は10年後に国会を開くことを約束。
- ☑**政党の誕生《たんじょう》** … 国会開設にそなえて，政治的に同じ考えをする人々が集まり，政党をつくった。(板垣退助の自由党《じゆうとう》，大隈重信《おおくましげのぶ》の立憲改進党《りっけんかいしんとう》。)

深めるチェック 大日本帝国憲法

伊藤博文《いとうひろぶみ》を中心に海外の憲法が研究され，皇帝《こうてい》の権限《けんげん》が強いドイツの憲法を参考にして大日本帝国憲法が発布《はっぷ》された。**1890**年には最初の選挙がおこなわれ，第１回**帝国議会《ていこくぎかい》**が開かれた。

- ☑**内閣《ないかく》制度** … 伊藤博文が初代**内閣総理大臣**に就任《しゅうにん》した。
- ☑**大日本帝国憲法** … **1889**年に天皇《てんのう》が国民にあたえる形で発布。主権《しゅけん》は天皇にあった。
- ☑**帝国議会** … 衆議院《しゅうぎいん》と貴族院《きぞくいん》があり，選挙権は一定の金額以上の税金を納《おさ》めた25才以上の男子に限定されていた。
- ☑教育勅語《きょういくちょくご》 … **忠《ちゅう》君愛国**の道徳を示した。

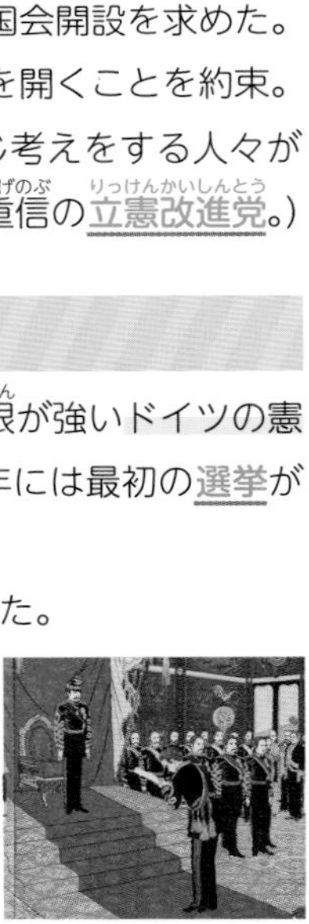
▲大日本帝国憲法の発布式

深めるチェック　日清戦争と日露戦争

日本は朝鮮《ちょうせん》をめぐって中国（清《しん》）と日清戦争，**満州《まんしゅう》**（中国の東北部）や朝鮮の問題で対立した**ロシア**と日露戦争を起こした。戦争のあと，日本は朝鮮に勢力をのばし，**1910**年に朝鮮を併合《へいごう》（**韓国併合《かんこくへいごう》**）して，植民地《しょくみんち》にした。

- ☑**日清戦争** … **1894**年に開戦。日本が勝ち，下関条約を結んだ。日本は多額の賠償金《ばいしょうきん》を得て，台湾《たいわん》や遼東《りょうとう》《リャオトン》半島を領土にした。
- ☑**日英同盟** … ロシアに対抗《たいこう》するため，イギリスと結んだ同盟。
- ☑**日露戦争** … **1904**年に開戦。日本は**東郷平八郎《とうごうへいはちろう》**がロシアの艦隊《かんたい》を破るが，兵や物資が減り続けた。ロシアも国内で革命《かくめい》が起こったため，アメリカでポーツマス条約を結んだ。賠償金を得ることはできなかった。

＋プラス＋　条約改正

1886年，**ノルマントン号**（イギリス）が和歌山県沖で沈没《ちんぼつ》した。この船にはイギリス人，ドイツ人，中国人，インド人が乗っていたが，救助されたのはイギリス人とドイツ人だけで日本人は全員水死した。イギリス人船長は治外法権《ちがいほうけん》により，日本の法律《ほうりつ》で裁《さば》くことができず，イギリスの法律で船長以外は無罪《むざい》となった。そのため，国内で条約改正の声が強まった。

1894年　**陸奥宗光《むつむねみつ》による治外法権**の撤廃《てっぱい》
1911年　**小村寿太郎《こむらじゅたろう》による**関税自主権《かんぜいじしゅけん》の回復

▲ノルマントン号事件

思考力アップ

Q ポーツマス条約が結ばれたあと，なぜ日本で不満の声が高まったのか。

A 賠償金が得られなかったため，戦争に協力した国民が不満に思った。

14 第一次世界大戦と民主主義

ココ大事! 大正時代

★第一次世界大戦で**ベルサイユ条約**が結ばれた。

★日本では軽工業から重工業に産業が変化した。

★**米騒動**《こめそうどう》のあと，原敬《はらたかし》が内閣《ないかく》総理大臣になった。

★満25才以上の男子すべてに選挙権《せんきょけん》があたえられた。

深めるチェック 第一次世界大戦

ヨーロッパで**第一次世界大戦**が開戦した。日本はイギリスと同盟《どうめい》を結んでいたため，**連合国**に参加した。日本は世界の関心がヨーロッパに向いているとき，**中国**に二十一か条の要求を出した。中国は仕方なくこれを認めたが，中国や朝鮮《ちょうせん》では日本からの独立運動が起きた。

- ☑第一次世界大戦 … 1914年。連合国（**イギリス・フランス・ロシア**）と同盟国（**ドイツ・オーストリア・オスマン帝国**《ていこく》）を中心に戦った。
- ☑ロシア革命《かくめい》 … **ソビエト社会主義共和国連邦**《しゃかいしゅぎきょうわこくれんぽう》**（ソ連**《れん》**）**ができた。
- ☑ベルサイユ条約 … 大戦に負けた同盟国，特にドイツははらえないほど高額の賠償金《ばいしょうきん》を求められた。
- ☑国際連盟《れんめい》 … 世界平和を目指した国際機関。

深めるチェック 産業の発達

日本では**日清戦争**の前は繊維《せんい》工業などの軽《けい》工業が中心だったが，**下関**《しものせき》**条約**の賠償金《ばいしょうきん》で八幡製鉄所《やはたせいてつじょ》（北九州）がつくられると造船業や機械などの**重工業**が発展《はってん》していった。

- ☑足尾銅山《あしおどうざん》（栃木県）…鉱毒事件が起こり，衆議《しゅうぎ》院《いん》議員の田中正造《たなかしょうぞう》が解決に取りくんだ。

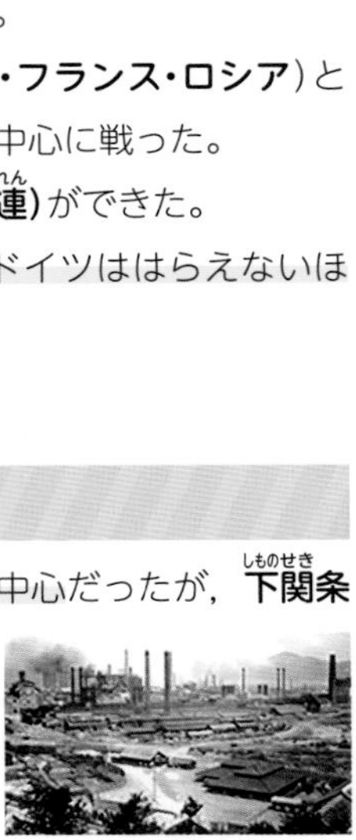

▲八幡製鉄所（日本製鉄（株）九州製鉄所所蔵）

深めるチェック 大正デモクラシー

第一次世界大戦のあと，日本では**普通選挙**や**政党《せいとう》政治**など，国民の意見を政治にいかす**民主主義**を求める風潮《ふうちょう》(大正《たいしょう》デモクラシー)が広まった。

☑ 米騒動 … 1918年，米の安売りを求める運動が**富山県**から始まり，日本全国へ広まった。**寺内正毅《てらうちまさたけ》**内閣は責任をとって辞職した。

☑ 原敬 … 初めての**政党内閣**。ほとんどの大臣が**立憲政友会《りっけんせいゆうかい》**から選ばれた。

☑ 加藤高明《かとうたかあき》 … 1925年に**普通選挙法**を制定，満25才以上の男子すべてに選挙権をあたえた。同時に**治安維持法《ちあんいじほう》**もつくり，政治や国のしくみをかえようとする動きを取りしまった。

プラス 大正時代の文化

1925年には**ラジオ放送**が始まり，小説や映画，ジャズ，野球などが流行した。文学では「蜘蛛《くも》の糸」を書いた芥川龍之介《あくたがわりゅうのすけ》などの作家が活やくした。医学も発展し，野口英世《のぐちひでよ》が**黄熱病《おうねつびょう》**，北里柴三郎《きたざとしばさぶろう》が**破傷風《はしょうふう》**などの研究を行った。

▲野口英世

思考力アップ

Q 第一次世界大戦後の日本では，どのように民主主義が広まったか。

A 米騒動のあと，選挙で国会議員に選ばれていた原敬を**総理大臣**とする**政党内閣**が日本ではじめて誕生した。**選挙権**も満25才以上のすべての**男子**にあたえられた。しかし女性の選挙権は認められなかった。

15 第二次世界大戦と太平洋戦争

ココ大事!

★日本は満州事変《まんしゅうじへん》をきっかけに満州国を建国した。
その後，五《ご》・一五《いちご》事件や二《に》・二六《にろく》事件が起きた。
★1937年，日本と中国の日中戦争が開戦。
★1941年，日本とアメリカの太平洋《たいへいよう》戦争が開戦。

深めるチェック 満州事変

1929年にアメリカの**株価《かぶか》暴落《ぼうらく》**から始まった世界恐慌《せかいきょうこう》により，日本は不景気になった。国内では不景気から抜《ぬ》け出すため，資源《しげん》のある中国の満州を占領《せんりょう》しようと，軍部が主張した。

☑満州事変…1931年，日本軍が**南満州鉄道**の線路を爆破《ばくは》し，それを中国軍のしわざだとして戦闘《せんとう》を始めた。その後満州国を建国したが，国際社会から批判《ひはん》され日本は国際連盟《こくさいれんめい》を脱退《だったい》した。

▲当時のアジアのようす

☑**軍部の暴走**…1932年，海軍の青年将校《しょうこう》らが当時の**犬養毅《いぬかいつよし》首相《しゅしょう》**を殺害した(五・一五事件)。また1936年には陸軍の青年将校らが首相官邸《かんてい》などをおそった(二・二六事件)。

☑日中戦争…1937年，北京《ペキン》郊外《こうがい》で日本軍と中国軍が戦闘をしたことがきっかけで日中戦争が始まった。

深めるチェック 太平洋戦争

勢力を広げる日本とそれに反対するアメリカの対立が深まり，1941年に海軍がハワイにある**真珠湾《しんじゅわん》**，陸軍がマレー半島をそれぞれこうげきしたことから太平洋戦争が始まった。日本は開戦当初，勝利を重ねていった。

深めるチェック 苦しくなる国民生活と敗戦

日本が占領《せんりょう》した地域《ちいき》では抵抗《ていこう》運動が起こるようになった。アメリカの反げきで敗退《はいたい》が続くようになると，国民の生活も苦しくなっていった。

- ☑**学徒出陣《がくとしゅつじん》** … 敗退が続く中，大学生も兵士として戦場に送られた。
- ☑**疎開《そかい》** … 都市部の**空襲《くうしゅう》**が激《はげ》しくなると小学生は地方に集団で疎開した。
- ☑**沖縄戦** … 1945年，アメリカ軍の沖縄本島上陸で始まった激しい地上戦。多数の沖縄県民が亡くなった。
- ☑**終戦** … **1945年8月6日**に**広島**，**9日**に**長崎**へ**原子爆弾《げんしばくだん》**が投下された。14日に日本はアメリカなどが降伏《こうふく》を求めた**ポツダム宣言《せんげん》**を受け入れ，**8月15日**，戦争は終わった。

▲原爆ドーム

プラス 第二次世界大戦

連合国と，ドイツ・イタリア・日本を中心とする**枢軸国《すうじくこく》**の戦い。1939年にドイツが**ポーランド**に**侵《しん》こう**したことから始まった。1943年にイタリア，1945年にドイツが降伏した。

▲連合国と枢軸国

日本はドイツ・イタリアと日独伊三国同盟《にちどくいさんごくどうめい》を結んだよ！

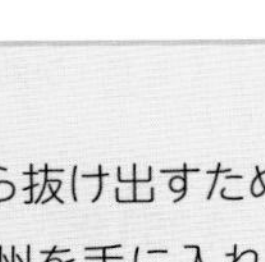

思考力アップ

Q 世界恐慌後，不況《ふきょう》から抜け出すために，日本は何をしたのか。

A 日本は資源のある満州を手に入れようとして**満州事変**を起こし，**満州国**を建国した。国際社会に批判されたが，その後も勢力拡大《かくだい》をつづけ，**日中戦争**や**太平洋戦争**へとつながった。

16 戦後復興と日本の発展

ココ大事! 昭和時代

★GHQが日本の非軍事化と民主化をすすめた。

★日本国憲法《けんぽう》が1946年に公布された。

★アメリカとソ連が対立，冷たい戦争が始まった。

深める チェック　GHQと日本国憲法

太平洋戦争が終わったあと，日本はアメリカを中心とする**連合国軍**に占《せん》領《りょう》された。日本は新しい憲法を制定し，戦後復興を始めた。

☑ **GHQ**(連合国軍最高司令官総司令部)… 総司令官の**マッカーサー**が日本の**非軍事化**と**民主化**をすすめた。

☑ **非軍事化** … 軍隊を解散し，戦争中に重要な地位にあった人を公職から追放した。

☑ **民主化** … **選挙権**を満20才以上の男女に拡大《かくだい》，**農地改革《かいかく》**で自作農の増加，**財閥解体《ざいばつかいたい》**，6・3制の**義務教育**，**男女平等**など。

☑ **日本国憲法** … **1946**年11月3日公布，1947年5月3日施行《しこう》。**国民主権《しゅけん》**，**基本的人権《きほんてきじんけん》の尊重《そんちょう》**，**平和主義**を**三大原則**としている。

深める チェック　冷たい戦争

アメリカを中心とする資本主義の国と，ソ連(ソビエト連邦《れんぽう》)を中心とする社会主義の国が対立，直接は戦争をしない**冷たい戦争(冷戦)**が始まった。

☑ **サンフランシスコ平和条約** … **1951**年，アメリカで48か国と結び，日本は独立した。同時に**日米安全保障《ほしょう》条約**も結び，独立後も日本国内にアメリカ軍の基地が置かれた。

平和条約の主な内容

- 日本は朝鮮の独立を認める。
- 台湾，千島列島，樺太の南半分を放棄する。
- 沖縄，奄美群島，小笠原諸島はアメリカが治めることに同意する。

▲サンフランシスコ平和条約の内容

深めるチェック 高度経済成長

韓国《かんこく》と**北朝鮮《きたちょうせん》**の間で朝鮮《ちょうせん》戦争が開戦，日本はアメリカ軍から大量の物資の注文を受け，戦後の復興が早まった。その後も日本の経済《けいざい》は成長を続けた。

- ☑朝鮮戦争…**1950**年，アメリカ軍が支《し》援《えん》する**韓国（大韓民国《だいかんみんこく》）**と，ソ連が支えんする**北朝鮮（朝鮮民主主義人民共和国《ちょうせんみんしゅしゅぎじんみんきょうわこく》）**の間で起こった戦争。1953年に北《ほく》緯《い》38度線で休戦協定が結ばれた
- ☑警察予備隊…朝鮮戦争のときに日本がつくった。現在の**自衛隊**。
- ☑高度経済成長…当時の総理大臣だった**池《いけ》田《だ》勇《はや》人《と》**が**所得倍増計画**を発表。日本経済はさらに発展した。

＋プラス＋ 石油危機

1973年に**第四次中東《ちゅうとう》戦争**が開戦，石油価格が上がって，石油不足になった。これを**石油危機《せききき》（オイルショック）**といい，国内では主婦たちが洗ざいやトイレットペーパーなどを買いしめた。

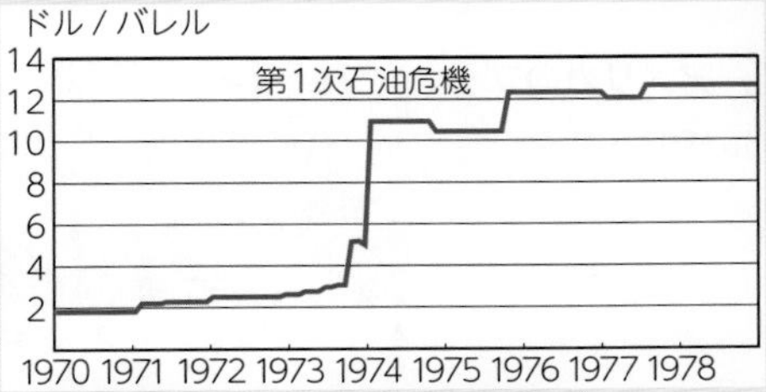

▲当時の石油価格

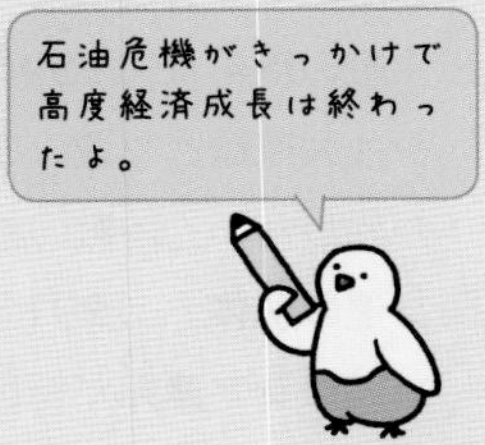

思考力アップ

Q 太平洋戦争が終わり，日本と外国の関係はどうなったか。

A 戦後，アメリカ軍を中心とする**連合国軍**によって占領され，総司令官のマッカーサーを中心に日本の民主化をすすめた。1951年には**サンフランシスコ平和条約**を結び，日本は独立をはたした。

17 平成から令和へ

ココ大事！ 昭和・平成時代

★キューバ危機《きき》がきっかけで，冷たい戦争が終わった。
★バブル経済《けいざい》のあと，日本は不景気が続いた。
★日本では東日本大震災《ひがしにほんだいしんさい》など，地震《じしん》による災害が多い。

深めるチェック 冷たい戦争の終わり

キューバ危機により核《かく》戦争が起きそうになったが，**アメリカ**と**ソ連**両国の話し合いによって回避《かいひ》された。そのあと，両国は対立をやめ，冷たい戦争が終わった。

☑**キューバ危機** … **ソ連**がキューバに核ミサイル基地を建設したが，**アメリカ**は強い態度で反対した。ソ連は核ミサイル基地を閉じ，核戦争の危険はなくなった。

☑**冷戦の終結** … **1989**年，**アメリカ**の**ブッシュ大統領**と**ソ連**の**ゴルバチョフ書記長**が話し合い，冷戦の終わりを宣言した。

☑**ソ連の解体** … **1991**年にソ連が解体され，**ロシア連邦《れんぽう》**が新しく建国された。

▲ブッシュ大統領とゴルバチョフ書記長

深めるチェック バブル経済

1980年代後半，日本は株《かぶ》と土地の価格が異常《いじょう》に上がり，好景気になった。これをバブル経済という。1991年にバブル経済が終わったあと，日本では長い間不景気が続いた。

☑**バブル経済ほうかい** … 会社がつぶれ，職を失う人が増えた。

☑**産業の空洞化** … 賃金《ちんぎん》の安い外国に工場を移した結果，国内の技術が下がった。

深めるチェック 災害と事件

▲阪神・淡路大震災

日本は火山が多い国であるため，**地震**や**火山の噴火《ふんか》**などの災害が起きている。

- ☑**阪神《はんしん》・淡路《あわじ》大震災《だいしんさい》**…**1995年**に**兵庫県南部**で発生したマグニチュード7.3の大地震による災害。6,400人以上が亡くなった。
- ☑**地下鉄サリン事件**…**1995年**，宗教《しゅうきょう》団体が東京の地下鉄で猛毒《もうどく》ガスのサリンをまいた事件。10人以上が亡《な》くなり，今も後遺症《こういしょう》に苦しむ人がいる。
- ☑**東日本《ひがしにほん》大震災《だいしんさい》**…**2011年３月11日**に**東北沖**で発生したマグニチュード9.0の大地震による災害。津波《つなみ》や原子力発電所での事故などで深刻《しんこく》なひ害が起きた。

＋プラス＋ 平成から令和へ

2019(平成31)年４月30日に平成が終わった。翌日の５月１日から元号が**令和《れいわ》**になり，新しい天《てん》皇《のう》が即位《そくい》した。

▲新元号の発表

新しい天皇陛下▶

思考力アップ

Q バブル経済のあと，なぜ日本の会社は工場を海外に移したのか。

A **バブル経済**で，日本の会社の経営がきびしくなったから。賃金《ちんぎん》(給料)の安い**外国**に工場を移し，そこで多くの人をやとった。支はらう賃金は安くなったが，国内の技術力は下がった。

18 江戸時代～令和（年表）

時代	世紀	年	おもなできごと
江戸《えど》時代	17	1600	徳川家康《とくがわいえやす》の政治。関ヶ原《せきがはら》の戦いに勝利した。
		1603	江戸幕府《えどばくふ》。家康が征夷大将軍《せいいたいしょうぐん》になった。
		1635	徳川家光《いえみつ》の政治。３代将軍《しょうぐん》。参勤交代《さんきんこうたい》を定めた。
		1637	島原《しまばら》・天草一揆《あまくさいっき》。キリスト教徒による一揆。
		1641	鎖国《さこく》。清・オランダだけと貿易をした。
		1680	徳川綱吉《つなよし》の政治。５代将軍。
		1685	生類憐《しょうるいあわれ》みの令を定めた。
	18	1716	徳川吉宗《よしむね》の政治。８代将軍。享保《きょうほう》の改革《かいかく》をおこなった。
		1787	松平定信《まつだいらさだのぶ》の政治。老中《ろうじゅう》。寛政《かんせい》の改革をおこなった。
	19	1837	大塩平八郎《おおしおへいはちろう》の乱《らん》。元役人が大阪で反乱《はんらん》を起こした。
		1841	水野忠邦《みずのただくに》の政治。老中。天保《てんぽう》の改革をおこなった。
		1853	ペリーが来航。浦賀《うらが》に来た。
		1854	日米和親条約《にちべいわしんじょうやく》。ペリーと結んだ。
		1858	日米修好通商条約《にちべいしゅうこうつうしょうじょうやく》。不平等な条約であった。
		1866	薩長同盟《さっちょうどうめい》。坂本龍馬《さかもとりょうま》により，薩摩藩《さつまはん》と長州《ちょうしゅう》藩が協力。
		1867	大政奉還《たいせいほうかん》。15代将軍徳川慶喜《よしのぶ》が政治の権限《けんげん》を返した。
		1868	戊辰《ぼしん》戦争。新政府軍と旧幕府軍の戦い。
明治《めいじ》時代			五箇条《ごかじょう》の御誓文《ごせいもん》。明治天皇が発表した。
		1871	廃藩置県《はいはんちけん》。藩を廃止《はいし》して，県を置いた。
		1873	地租《ちそ》改正。地価の３％を税とした。

▲ペリー

時代	世紀	年	おもなできごと
明治時代	19	1873	徴兵令《ちょうへいれい》。満20才以上の男子に兵役を義務づけた。
		1874	民撰議院設立《みんせんぎいんせつりつ》の建白書《けんぱくしょ》。自由民権運動が始まった。
		1881	国会開設の詔《みことのり》。国会を開設することが決まった。
		1885	内閣《ないかく》制度。伊藤博文《いとうひろぶみ》が初代内閣総理大臣になった。
		1889	大日本帝国憲法《ていこくけんぽう》。2月11日に発布された。
		1890	第1回帝国議会が開かれた。衆議院《しゅうぎいん》と貴族院《きぞくいん》があった。
		1894	日清戦争。日本が清に勝利し，下関条約を結んだ。
	20	1904	日露《にちろ》戦争。ロシアとポーツマス条約を結んだ。
大正《たいしょう》時代		1914	第一次世界大戦。ベルサイユ条約が結ばれた。
		1918	米騒動《こめそうどう》。立憲《りっけん》政友会の原敬《はらたかし》が総理大臣になった。
昭和《しょうわ》時代		1931	満州事変。日本は国際連盟《れんめい》を脱退《だったい》した。
		1937	日中戦争。北京郊外《ペキンこうがい》で中国軍と衝突《しょうとつ》した。
		1939	第二次世界大戦。ドイツがポーランドに侵こうした。
		1941	太平洋戦争。日本がアメリカと戦った。
		1945	原子爆弾《ばくだん》が広島に８月６日に投下された。 原子爆弾が長崎に８月９日に投下された。 ポツダム宣言。８月15日に太平洋戦争が終わった。
		1946	日本国憲法が公布された。
		1951	サンフランシスコ平和条約。日本が独立を回復した。
平成《へいせい》		1995	阪神《はんしん》・淡路《あわじ》大震災《だいしんさい》。兵庫県南部で発生した。
	21	2011	東日本大震災。東北地方を津波《つなみ》がおそった。
令和《れいわ》		2019	５月１日，元号が令和になった。

19 三権分立

ココ大事!

★国の政治は立法《りっぽう》・行政《ぎょうせい》・司法《しほう》に分かれている。

★立法権《けん》をもつ国会は法律《ほうりつ》や予算を決める。

★行政権をもつ内閣《ないかく》は実際に政治をおこなう。

★司法権をもつ裁判所《さいばんしょ》は法律で争いを解決する。

深めるチェック 国会のしごと

法律や予算を決める**立法権**をもつ**国会**は，国民によって選挙で選ばれた**国会議員**で構成されている。**しん重《ちょう》に審議《しんぎ》**をするため，衆議院《しゅうぎいん》と参議院《さんぎいん》がある(二院制)。

☑国会の種類 … **法律**や**予算**(国が仕事をするために必要なお金)を話し合う常会《じょうかい》(**通常国会**)は毎年1回，1月に開かれる。その他に常会が終わったあと，必要なときに開かれる臨時会《りんじかい》(**臨時国会**)などがある。

☑国会の仕事 … 法律や予算の決定，内閣総理大臣の指名，内閣が結んだ条約(他の国との間で文書で結んだ約束)の承認《しょうにん》など。これらは**国会議員が多数決**で決める。

衆議院		参議院
満 18 才以上	選挙権	満 18 才以上
満 25 才以上	被《ひ》選挙権	満 30 才以上
4 年	任期	6 年
あり	解散	なし

▲衆議院と参議院のちがい

深めるチェック 内閣のしごと

法律や予算を使って実際に政治をおこなう**行政権**をもつ**内閣**は，内閣総理大臣と国務大臣で構成されている。

☑内閣の仕事 … 国会に提出する法律や予算をつくる，国会で決まった法律や予算を使って政治をする，条約を結ぶ，天皇《てんのう》の国事行為《こうい》に助言と承認をする，など。

深めるチェック 裁判所のしごと

裁判所は**司法権**をもち，法律で犯罪や争いごとを解決する。また，法律が憲法《けんぽう》に違反《いはん》していないかを判断する権限《けんげん》（**違憲立法審査権**《いけんりっぽうしんさけん》）をもつ。

- **裁判の種類** … 犯罪をした疑《うたが》いのある人を裁《さば》く**刑事裁判**《けいじ》と，お金の貸し借りなど個人の間のトラブルを解決する**民事裁判**がある。判決に不服がある場合，3回まで裁判を受けることができる（**三審制**《さんしんせい》）。

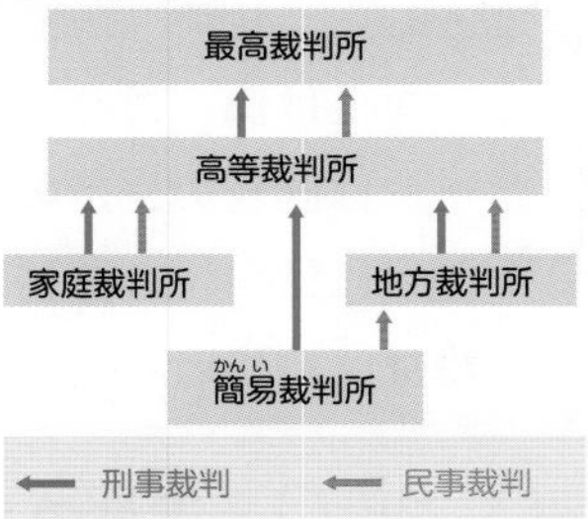

▲裁判所のしくみ

- **裁判員制度** … 刑事裁判において**国民からくじで選ばれた6人が裁判員**となり，3人の裁判官と一緒に判決を出すしくみ。

＋プラス＋ 三権分立

日本では，**立法は国会**，**行政は内閣**，**司法は裁判所**というふうに役割と仕事をそれぞれ分担《ぶんたん》している。そしてそれらの仕事がきちんとできているかをそれぞれ監視《かんし》しあうことで，**権力が1つの機関に集中しない**ようになっている。

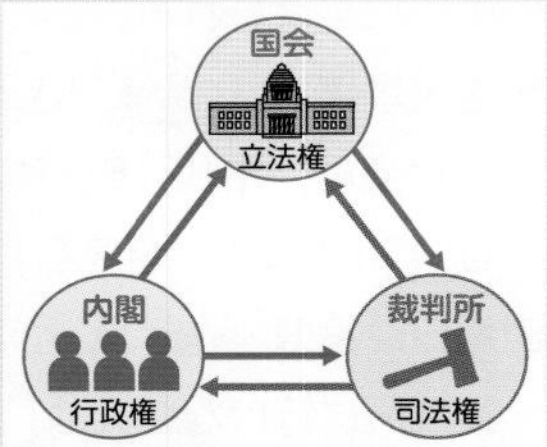

▲三権分立のしくみ

思考力アップ

Q 三権分立の役割について説明しなさい。

A 三権分立は**立法**権をもつ国会，**行政**権をもつ内閣，**司法**権をもつ裁判所がそれぞれ監視しあうことで**権力**を集中させないしくみ。

20 選挙のしくみと税金

ココ大事!

★**選挙権《せんきょけん》は満18才以上のすべての国民に与えられる。**

★**税金は国民の生活のために活用される。**

★**国民には納税《のうぜい》の義務がある。**

★**税は直接税と間接税，国税と地方税に分けられる。**

深めるチェック 選挙のしくみ

日本には国会だけでなく，**都道府県議会《とどうふけんぎかい》，市《し》(区《く》)町村議会《ちょうそんぎかい》**など，選挙で首長《しゅちょう》や議員などの住民の代表を選ぶ場がある。より多くの人が投票できるように，選挙のしくみは改善《かいぜん》されてきたが，投票率(選挙権をもつ人が投票する割合《わりあい》)は高くない。

☑**選挙権** … 選挙で投票することができる権利。**満18才以上**のすべての国民に与えられる。

☑**被《ひ》選挙権** … 立候補《りっこうほ》できる権利。衆議院議員，都道府県議会議員，市(区)町村議員，市(区)町村長は満25才以上，参議院議員，都道府県知事は満30**才以上**に与えられる。

☑**期日前投票** … 旅行や仕事などで選挙日当日に投票所に行けない人は，事前に投票することができる。

▲期日前投票のようす

深めるチェック 税金のしくみ

政府などは，国民のための仕事をしている。このときに必要な費用は，国民が納《おさ》める**税金**が使われている。また，公共施設《しせつ》や地域《ちいき》の開発，自然災害でひ害《がい》を受けた人へのきん急《きゅう》の支《し》えんなどにも税金が使われている。

☑**納税の義務** … 国民は税金を納める義務がある。

深めるチェック 税金の種類

- ☑**直接税** … 税金をはらう人が直接納める税金。**所得《しょとく》税**や**住民税**など。
- ☑**間接税** … 税金をはらう人がいったんお店などに支はらい，お店がまとめて納める税金。**消費税**など。
- ☑**国税と地方税** … 国に納めるのが**国税**，都道府県や市（区）町村に納めるのが**地方税**。
- ☑**所得税** … 個人がもうけたお金（所得）に対してかかる税金。所得が高くなるほど税率が高くなる。
- ☑**住民税** … 住んでいる**都道府県**，**市（区）町村**に納める税金。
- ☑**消費税** … 商品やサービスの提供に対してかかる税金。

＋プラス＋ 選挙の４大原則

現在の選挙制度では，満18才以上のすべての国民に選挙権が与えられる**普通《ふつう》選挙**，１人１票の**平等選挙**，自分で直接選ぶ**直接選挙**，無記名で投票できる**秘密《ひみつ》選挙**という４つの原則がある。

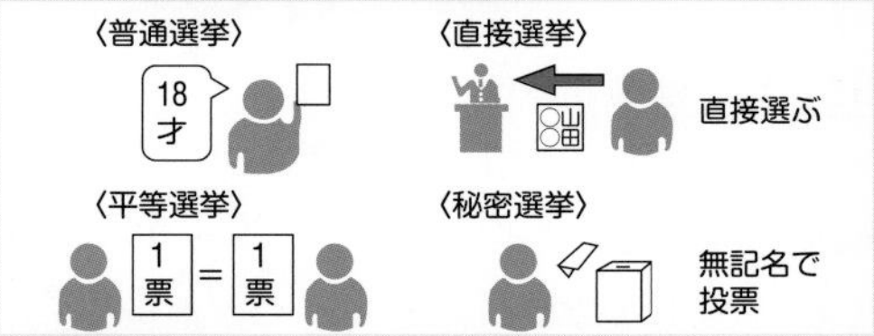

▲選挙の４大原則

思考力アップ

Q なぜ国民には納税の義務があるのだろうか。

A 公共施設や地域の開発など，国が国民のためにおこなう仕事の費用のため。その費用を支はらうために**税金**があり，国民には**納税の義務**が定められている。

21 地方の政治のしくみ

ココ大事!

★首長には**都道府県知事**，**市(区)町村長**がある。

★首長と地方議会の議員は住民の**選挙**で選ばれる。

★地方議会は**条例**を定めることができる。

深めるチェック 地方自治

地域の課題や問題は地域で解決し，地域の住民が自分たちで政治をしていくことを**地方自治**という。地方自治をする都道府県や市(区)町村は**地方自治体**または**地方公共団体**といわれる。

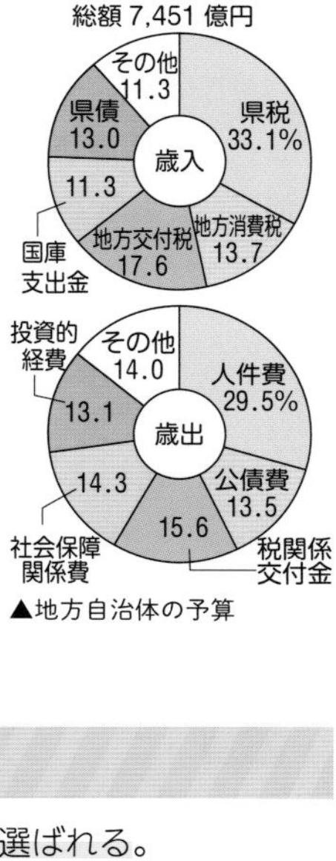

▲地方自治体の予算

- ☑**首長** … 都道府県は**知事**，市(区)町村はそれぞれ**市(区)町村長**という。
- ☑**地方税** … 住民税や事業税，固定資産税などがある。
- ☑**国からの支援** … **国庫支出金**は国から使い道が指定されているが，**地方交付税交付金**は地方自治体が使い道を決めることができる。
- ☑**市(区)町村の仕事** … 小・中学校の設置，ごみの収集《しゅうしゅう》，消防活動，上下水道の整備など。
- ☑**地方分権** … 今まで国がしていたことを，地方自治体がするという考え方。

深めるチェック 首長のしごと

都道府県知事も市(区)町村長も住民の選挙で直接選ばれる。

首長は**予算案**を地方議会に提出し，議会でしん議・議決された予算に基づいて仕事をする。

- ☑**地方公務員** … 地方自治体で働いている公務員。首長が指《し》揮《き》をする。

深めるチェック　地方議会のしごと

地方議会の議員は，首長と同じく，住民から直接選ばれる。地方自治体によって議員数はちがう。地方議会は地域住民の声を反映《はんえい》して**条例**を定めることができる。

- ☑**条例** … 定められた地方自治体で適用される，地方自治体独自の法。国会で制定される法律のはん囲内で制定される。
- ☑**地方議会の仕事** … 条例を定めたり，首長が提出した予算案のしん議・議決をしたりする。

＋プラス＋　直接請求権

地域に住む住民は，首長や地方議会議員を選挙で選ぶ以外に，署《しょ》名《めい》を集めて地方自治体に意見をすることができる直接請求《せいきゅう》権をもつ。例えば，地域に住む選挙権《せんきょけん》をもつ人々の50分の１以上の署名で条例をつくるよう請求《せいきゅう》することができ，その後，議会で話し合い，過半数が賛成すれば，条例がつくられる。他にも，議会の解散や，首長や議員の解職などを請求することもできる。

	議会の解散を請求したい時	条例を作ったり変えたりしたい時
必要な署名数	3分の1以上	50分の1以上
決定	有権者の投票で過半数	議会の議決での過半数

▲直接請求権

思考力アップ

Q 地域の問題を解決するために，地方自治体は何をしているか。

A 地方議会は，地方自治体でのみ適用される条例を定めて，地域の課題や問題を解決している。首長は，地方議会に予算案を提出し，決められたその予算で地域の生活を良くする政治をしている。

22 震災からの復興のために

ココ大事!

★2011年に発生した**東日本大震災《しんさい》**では多くのひ害者を出し，原子力発電所の事故が発生した。

★震災からの復興のために法律が定められている。

★**減災**や**防災**を心がけることが大事である。

深めるチェック 東日本大震災

東日本大震災は2011年３月11日，東北地方を中心に発生した震度《しんど》７の大地震《じしん》による被害である。ゆれた範囲は東北地方の震度７が最大であるが，北海道や沖縄でも震度１が観測された。東北地方と関東地方の沿岸《えんがん》に巨大《きょだい》な**津波《つなみ》**が押し寄せ，大きなひ害が発生した。

▲当時の被害のようす

☑**ひ害の大きさ**…死者は１万9,689人，行方不明者は2,563人，ひ難者は最大時で約47万人である（2019年３月現在）。

☑**福島第一原子力発電所の事故**…津波のえいきょうで，原子力発電所が一部破かいされ，有害な放射性物質が放出された。

深めるチェック 復興への道のり

ひ害にあった人々は，学校などのひ難所で不自由な生活を送ったが，自衛隊や警察，消防，ボランティアなどの助けをかりて復興を目指した。

☑**東日本大震災復興基本法**…復興のために必要な制度を整えた。

☑**復興庁《ふっこうちょう》**…東日本大震災でひ災した地域の復興の仕事を専門《せんもん》とする。

深めるチェック　減災と防災

日本は**地震**，火山の**噴火《ふんか》**，**台風**，**津波**など，自然災害が多い国である。ひ害を減らすためにふだんから**防災**を意識することが大事だが，自然災害はいつ発生するかわからない。ひ害が発生したとき，ひ害を最小限に減らす減災も大事である。

☑**防潮堤《ぼうちょうてい》**…東日本大震災では，もともと設置されていた防波堤だけでは津波を防ぐことができなかったため，新たに陸上に防潮堤が設置された。

プラス　ハザードマップ

自然災害が発生した場合，どの地域にどのようなひ害が起きるかなどを表した地図が**ハザードマップ**である。地方自治体が発行しており，各家庭に配布されている。

▲水害のハザードマップ

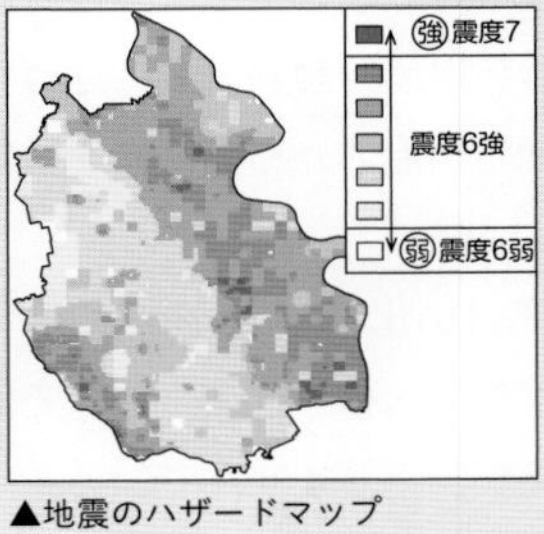

▲地震のハザードマップ

思考力アップ

Q 東日本大震災が発生したことで，日本に住む人々の意識はどう変わったか。

A それまでは発生直後に自衛隊や警察，消防，ボランティアなどの人々の力にたよっていたが，これからは自然災害が発生する前にひ害をどうやっておさえるか，**減災**や**防災**の意識が高まっている。

23 子育て支えんの願いを実現する政治

ココ大事!

★日本は少子高れい化になっている。
★子育て支えんのための法律が整備されている。
★地域ぐるみで子育てをすることが必要である。

深めるチェック 少子高れい社会

日本は現在，仕事と子育ての両立のむずかしさや，結婚する年れいが高くなる晩婚《ばんこん》化《か》などの理由から，1人の女性が出産する子どもの数が減《へ》り，少子化になっている。反対に，医学が進歩し，寿命《じゅみょう》が延《の》びたために高れい者が増えている。このような状態を**少子高れい化**という。

☑**介護《かいご》保険制度**…40才以上になると介護保険料を支はらい，介護が必要になったときに国や地方自治体から支えんを受けられる制度。

☑地方の少子高れい化…**大学進学**や**就職《しゅうしょく》**などで若者が都市へ移り住み，地方では急速に少子高れい化がすすんでいる。

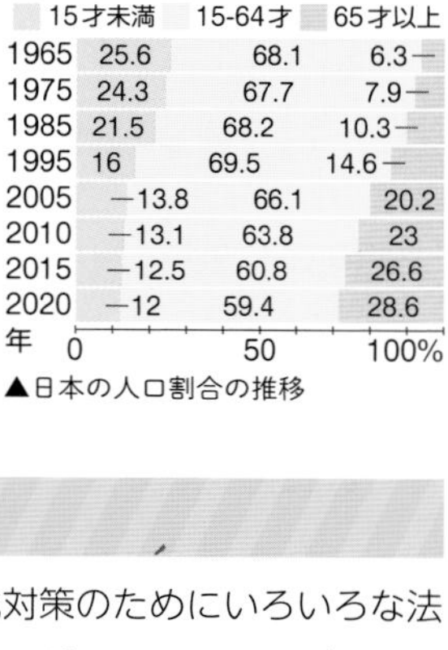

▲日本の人口割合の推移

深めるチェック 子育て支えんの法律

国や地方自治体では，子育て支えんや少子化対策のためにいろいろな法律・条例がつくられている。また，法律をつくるだけなく，さまざまな取り組みがおこなわれている。

☑**少子化社会対策基本法**…国民の少子化に対する意識を変える目的でつくられた法律。

☑**育児・介護休業法**…会社などで働いている人が，育児や介護をするために休みやすくしたり，時間を短縮《たんしゅく》できるようにしたりする法律。

深めるチェック　地域とともに

子育て支えんや少子化対策のための法律がつくられても，実際に幼《おさな》い子どもを預《あず》けるところがなければ，仕事に出ることができない。大都市では，子どもを預ける施設《しせつ》やサービスが不足していて，保育園などに入所待ちをしている待機児童《たいきじどう》が問題となっている。今後は地域で子どもを育てるための協力をしていかなければならない。

プラス　幼稚園と保育園

幼稚園《ようちえん》は３才から小学校入学前の幼児《ようじ》，**保育園**は０才から小学校入学前の乳児・幼児を預かる施設である。幼稚園は文部科学省《もんぶかがくしょう》，保育園は厚生労働省《こうせいろうどうしょう》と，管かつしている国の役所がちがう。近年は，幼稚園と保育園をいっしょにする「幼保一元化《ようほいちげんか》」の動きも出てきている。

	管かつ	年れい	保育時間	給食
幼稚園	文部科学省	3才から	4時間	任意《にんい》
保育園	厚生労働省	0才から	8時間	義務《ぎむ》

▲幼稚園と保育園のちがい

思考力アップ

Q 少子高れい化を解決するために，どのようなことがされているか。

A 国や地方自治体は**介護保険**や**育児・介護休業法**など，問題を解決するための制度や法律をつくっている。しかし保育のための施設やサービスは不足しており，**幼保一元化**の動きが出始めている。

24 日本国憲法と３つの柱

ココ大事！

★日本国憲法《けんぽう》は**国民主権《しゅけん》**，**基本的人権の尊重《そんちょう》**，**平和主義**の三大原則からなる。

★天皇《てんのう》は「**国と国民の象徴《しょうちょう》**」とされている。

★**非核《ひかく》三原則**は「持たず，つくらず，持ちこませず」。

深めるチェック　国民主権

国民主権とは，**日本国憲法**の三大原則の１つであり，国の政治のあり方は国民が決める，という考え方である。国の政治は国民全員が決めるべきであり，一部の人々だけで決めてはいけない。

☑**天皇** … 大日本帝国《ていこく》憲法では主権が天皇にあった。日本国憲法では天皇は「国と国民の象徴」とされている。仕事は**国事行為《こうい》**に限られ，**内《ない》閣《かく》の助言と承認《しょうにん》**が必要である。

内閣総理大臣の任命
最高裁判所長官の任命
国会の召集
総選挙施行の公示
恩赦の認証
外国の大使・公使の接受
儀式の挙行

▲天皇の国事行為

深めるチェック　基本的人権の尊重

だれもが持つ人間らしく生きる権利を大切にすることを，「**基本的人権の尊重**」という。

☑**平等**権 … 人間はみんな平等である権利《けんり》。

☑**自由**権 … だれもが自由に生きることができる権利。

☑**社会**権 … 人間らしく豊かに生きていく権利。

☑**参政**権 … 政治に参加する権利。選挙権や被《ひ》選挙権などがある。

☑**新しい人権** … 日本国憲法には書かれていないが，人権として認められている権利。良い環境《かんきょう》で生活する**環境権**などがある。

深めるチェック 平和主義

日本は第二次世界大戦のとき，戦争によって他の国々に大きな損害をあたえ，日本自らも重大なひ害を受けた。日本国憲法ではこれを反省し，**第9条**には平和主義について書かれている。

- ☑**非核三原則** … 核兵器を「持たず，つくらず，持ちこませず」という考え方。日本は世界でただひとつの原子爆弾を落とされた国である。
- ☑**自衛隊** … 国は自衛隊を「自衛のための必要最小限度の実力」としているが，「自衛隊は軍隊で，第９条にい反している」と批判《ひはん》する人々もいる。

▲救助活動をする自衛隊

＋プラス＋ 日本国憲法の内容

日本国憲法は，**前文**から始まり，①天皇，②**戦争の放棄《ほうき》**，③国民の権利と義務，④国会，⑤内閣，⑥司法，⑦財政，⑧地方自治，⑨憲法の改正，⑩最高法規，⑪補則《ほそく》について書かれている。

> 日本国民は，正当に選挙された国会における代表者を通じて行動し，われらとわれらの子孫のために，諸国民《しょこくみん》との協和による成果と，わが国全土にわたつて自由のもたらす恵沢《けいたく》を確保し，政府の行為《こうい》によつて再び戦争の惨禍《さんか》が起ることのないやうにすることを決意し，ここに主権が国民に存することを宣言《せんげん》し，この憲法を確定する。（中略）日本国民は，国家の名誉《めいよ》にかけ，全力をあげてこの崇高《すうこう》な理想と目的を達成することを誓《ちか》ふ。

▲日本国憲法の前文

思考力アップ

Q 日本国憲法では天皇，国民はどのような存在であるか。

A **日本国憲法**では**主権**は**国民**にあり，天皇は「国と国民の象徴」とされている。

25 日本とつながりの深い国々

ココ大事!

★日本のまわりには中国・北朝鮮《きたちょうせん》・韓国《かんこく》・ロシア連邦《れんぽう》がある。

★中国は日本の最大の貿易相手国である。

★世界にはおよそ200の国々がある。

深めるチェック 日本のまわりの国々

☑中国(中華人民共和国《ちゅうかじんみんきょうわこく》)…首都はペキン(北京)。現在，日本にとって最大の貿易相手国。中国の人口の約９割《わり》は漢民族で，その他に**55の少数民族**がくらしている。1978年に**日中平和友好条約**を結んだ。

☑北朝鮮(朝鮮民主主義人民共和国《ちょうせんみんしゅしゅぎじんみんきょうわこく》)…首都はピョンヤン(平壌)。社会主義国。日本とは拉致《らち》問題が未解決で，国交が結ばれていない。

☑韓国(大韓民国《だいかんみんこく》)…首都はソウル。1965年に日韓基本条約で国交を結んだ。

☑ロシア連邦 … 首都はモスクワ。国土面積が世界第１位であり，国土が東西に長い。以前は**ソビエト社会主義共和国連邦(ソ連)**であった。北方領土の返かんで日本と対立している。

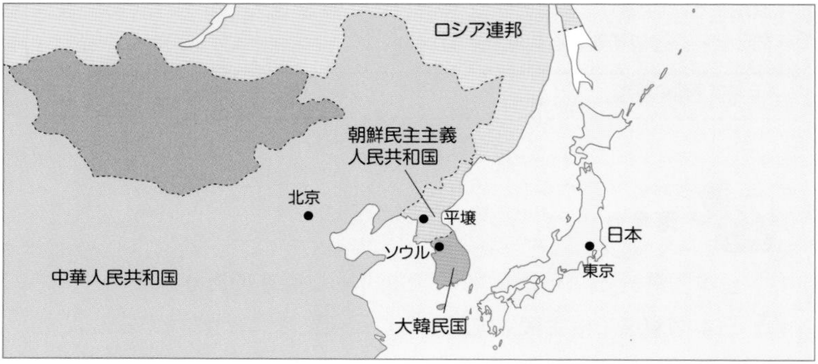

▲日本のまわりのようす

深めるチェック　その他の国々

世界にはおよそ200の国々があり，地域に合った生活や風習がある。

☑**アメリカ合衆国《がっしゅうこく》** … 首都はワシントン D.C.。スポーツがさかんな国である。農作物や機械製品，航空機などを日本に輸出していて，日本からは自動車などの機械製品を輸入している。

☑**ブラジル** … 首都は**ブラジリア**。サンパウロには，日本から移り住んだ人々の子孫である日系人が多く住んでいる。コーヒー豆のさいばいがさかんで，鉄鉱石が多く産出される。**カーニバル**という祭りが開かれている。

☑**サウジアラビア** … 首都は**リヤド**。石油の産出国であり，日本への石油輸出は世界第１位である。

プラス　３大宗教

世界中に広がる**キリスト教**，**イスラム教**，**仏教**を３大宗教《しゅうきょう》といい，多くの人々が信こうしている。

▲世界の宗教の分布

思考力アップ

Q 日本は世界の国々とどのような交流をしているか。

A **中国**は日本にとって最大の貿易相手国であり，多くの製品などが輸出入されている。**アメリカ**へは自動車などが輸出されている。

26 世界の未来と日本の役割

ココ大事!

★地域紛争《ちいきふんそう》は宗教《しゅうきょう》や民族などのちがいが原因である。

★NGO《エヌジーオー》は国境をこえて活動する民間の団体である。

★将来《しょうらい》のために環境《かんきょう》を守りながら持続可能な開発をする必要がある。

深めるチェック　世界各地の地域紛争

冷たい戦争（冷戦）が終わった後も，世界各地では戦争が起きている。近年では，宗教や民族，考え方のちがい，領土をめぐる争いなどを原因とする，比《ひ》かく的狭《てきせま》い範囲《はんい》で起こる地域紛争が多くなっている。

☑難民《なんみん》…戦争や地域紛争によって，自分たちが住んでいた場所でくらせなくなった人々。

☑NGO…非政府組織ともいい，国境をこえて，教育や保健医りょうなどの開発，環境問題，子どもや女性，難民などの人権《じんけん》問題，平和のための活動などに取りくんでいる民間の団体。

▲第二次世界大戦後のおもな戦争や地域紛争

深める チェック 地球環境問題

世界各地では，さまざまな環境問題が発生している。環境問題を解決するためには，１か国だけが努力をすればよい，という問題ではなく，地球全体の問題として解決しなければならない。

- ☑**地球温暖化《ちきゅうおんだんか》** … 二酸化炭素などの温室効果ガスが原因。地球の気温が上がり，氷河がとけ，海水面が上《じょう》しょうしている。
- ☑**酸性雨** … 自動車の排気《はいき》ガスにふくまれる硫黄酸化《いおうさんか》物《ぶつ》などが原因で，木をからすなどのひ害《がい》が出ている。
- ☑**持続可能な開発** … 未来に今の環境を残しつつ，現在の人々も満足できる環境を開発していくこと。

▲酸性雨で枯れた木

＋プラス＋ 日本の役割

国際社会における日本の役割《やくわり》は大きく，資金えん助《じょ》や人材派遣《はけん》などを通じて，発展途上国《はってんとじょうこく》の開発に協力をしている。

- ☑**政府開発援助（ＯＤＡ《オーディーエー》）**…発展途上国に資金などを援助するしくみ。
- ☑**青年海外協力隊** … 発展途上国へ行政《ぎょうせい》や農業，医りょう，教育などの分野でボランティアを派遣する制度。

▲青年海外協力隊

思考力アップ

Q 世界ではどのような問題があり，解決のためにどのようなことが必要か。

A 世界各地では，冷戦後も地域紛争や難民問題などが発生している。また地球環境の悪化も問題である。NGO などによって難民問題などを解決し，**持続可能な開発**が必要である。

27 国際連合と世界平和

ココ大事！

★**国際連合（国連）**は1945年に発足《ほっそく》し，国際社会のために活動している。

★**安全保障理事会**《あんぜんほしょうりじかい》の常任理事国は，アメリカ，ロシア，イギリス，フランス，中国である。

深めるチェック 国際連合の誕生

1945年，世界平和を目的として**国際連合（国連）**が発足した。本部はアメリカの**ニューヨーク**に置かれている。加盟《かめい》国は発足当時は51か国であったが，現在は193か国（2020年12月現在）にまで増えている。

☑**国際連合憲章**《けんしょう》 … 国連の目的やしくみが定められている。

深めるチェック 国際連合のしくみ

国連は，**総会**，**安全保障理事会（安保理）**，**経済社会理事会**《けいざいしゃかいりじかい》，**国際司法裁判所**《こくさいしほうさいばんしょ》，**信託統治理事会**《しんたくとうちりじかい》，**事務局**からなり，他に専門《せんもん》機関が多く存在《そんざい》する。

☑**総会** … 全加盟国が参加し，１国１票の投票権《とうひょうけん》をもつ。

☑**経済社会理事会** … 経済や社会全般《ぜんぱん》に関する問題について活動している。

☑**国際司法裁判所** … 国家間の争いを裁《さば》く。オランダに本部がある。

☑**事務局** … 国連の活動を支える。事務総長はアントニオ・グテーレス（2020年12月現在）。

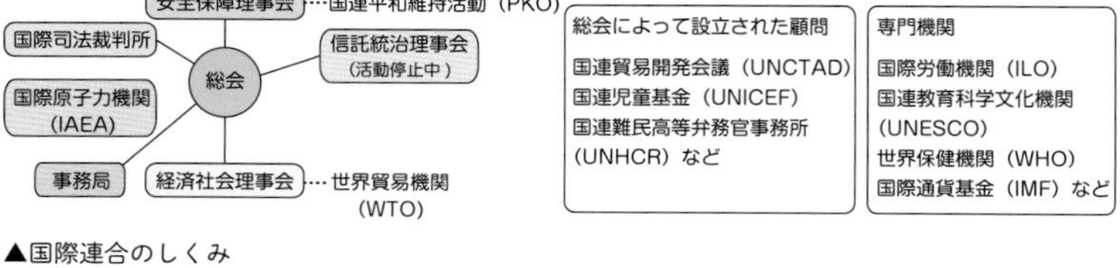

▲国際連合のしくみ

深めるチェック 世界平和のために

国連で世界平和と安全のために活動しているのが**安全保障理事会(安保理)**である。また，世界平和のために活動している専門機関もある。

☑安全保障理事会 … アメリカ，ロシア，イギリス，フランス，中国の**常任理事国(五大国)**と10か国の**非常任理事国**(任期は2年)からなる。

☑**国連教育科学文化機関** … **ユネスコ(UNESCO)**。専門機関の１つで，教育，科学，文化の面から世界平和を進めている。世界遺産《せかいいさん》を決定する仕事もある。

☑**国連児童基金** … **ユニセフ(UNICEF)**。地域紛争《ちいきふんそう》などによって生活が困難《こんなん》な子どもたちを救う組織。世界中の人々の募金《ぼきん》をよびかけている。

☑**国連難民高等弁務官事務所《こくれんなんみんこうとうべんむかんじむしょ》** … **ＵＮＨＣＲ**。難民問題に関する組織。

＋プラス＋ PKO

PKO《ピーケーオー》は，**国連平和維持活動《こくれんへいわいじかつどう》**の略で，紛争地域の平和を維持し，復興を手伝う取りくみ。日本からは自衛隊が参加している。

▲ PKO に協力している自衛隊

▲ PKO に協力している自衛隊

思考力アップ

Q 世界平和のために活動している国連の組織は何か。

A 国連で世界平和のために活動するのは安全保障理事会(安保理)である。それ以外にも国連教育科学文化機関や**国連難民高等弁務官事務所**などの専門機関が世界平和のために活動している。

社会コラム

選挙制度の歴史

1890年，日本で初めての衆議院《しゅうぎいん》議員総選挙が実施《じっし》されました。当時の選挙権《せんきょけん》は「直接国税15円以上を納《おさ》める満25才以上の男子」と限られていました。これは当時の全人口のわずか1.1%だけでした。1920年になると新婦人協会が設立され，女性の参政権《さんせいけん》を求める運動が進みました。1925年には普通選挙法が成立しました。これで選挙権は「満25才以上の男子」にあたえられるようになりましたが，女性への参政権はあたえられませんでした。1945年8月，太平洋戦争が終わり，日本はGHQにより民主化されました。12月には選挙法が改正され，選挙権が「満20才以上の男女」にあたえられました。これで女性の参政権が認《みと》められ，次の衆議院議員総選挙では，日本で初めての女性国会議員が誕生《たんじょう》しました。2015年6月には，それまで満20才以上だった選挙権が満18才以上に引き下げられました。

1890年	直接国税15円以上を納める満25才以上の男子
1925年	満25才以上の男子
1945年	満20才以上の男女
2015年	満18才以上の男女

▲日本の選挙権の移り変わり

このように日本の選挙権は変わってきましたが，被《ひ》選挙権（立《りっ》候補《こうほ》できる権利）はどうなっているのでしょうか。現在，日本では男女関係なく，衆議院議員，市（区）町村の市（区）町村長，都道府県議会と市（区）町村議会の議員は満25才以上，参議院議員と都道府県知事は満30才以上になれば立候補《りっこうほ》ができます。

近年，選挙に投票しない（棄権《きけん》する）人が増えています。選挙は他人事ではなく，これからのことを考えて投票しなければなりません。みなさんも将来《しょうらい》の選挙に向けて，しっかり学びましょう。

国語コラム

「推《お》す」がいいか，「敲《たた》く」がいいか

「矛盾《むじゅん》」や「五十歩百歩」などの言葉を耳にしたことはありませんか。これらは，中国の昔の出来事（故事《こじ》）などがもとになっている言葉で，「故事成語」といいます。

ここでは，故事成語「推敲《すいこう》」についてしょうかいしましょう。書いた文章を読み直して練り上げることを“推敲”といいますね。

この言葉はどのような出来事がもとになっているでしょうか。

賈島赴挙至京、
騎驢賦詩、
得僧推月下門句。
欲改推作敲、
引手作推敲之勢、
未決、不覚衝大尹韓愈。
乃具言。
愈曰、敲字佳矣。
遂並轡論詩久之。

*科挙《かきょ》の試験を受けるために都《みやこ》にやってきた人（後の詩人）が，ロバに乗って詩を作り，「僧《そう》は推《お》す月下の門」という句を思いつきました。そして，「推す」を「敲《たた》く」にすべきか迷《まよ》っていると，都の長官と出会いました。長官にくわしく話したところ，長官に「敲く」が良いと言われ，その後，詩について論《ろん》じあったというお話です。静かな夜に僧が門を敲く音が聞こえてきそうです。一文字にこだわる詩人の真剣《しんけん》さが伝わってきますね。

短い言葉で豊かな意味をふくむ言葉は，現在までほとんど意味を変えずに残っています。日本人は，千年以上も昔から中国の古典にふれ，多くの知恵《ちえ》や教訓を学んできたのですね。

＊科挙…中国の官りょう登用試験のこと。当時の試験科目の一つに詩作があった。

☑**記録文**…観察したことや調べたことを、ありのままに正確に書き留めたもの。

☑**記録文の書き方**…次の点に注意する。

・日付や場所など、必要なことを正しく書く。

・事実と感想・意見を分けて書く。

・図や表などを使ってくわしく書く。

☑**報告文**…活動したことや調べてわかったことをまとめて伝える文章。

☑**報告文の書き方**…次の点に注意する。

・日付や時間、場所、取材した人や内容、調べてわかったこと、成果などを書く。

・事実と感想、意見を分けて書く。

・注意を引く言葉、図や表を使い、表現を工夫《くふう》する。

☑**手紙文**…書き手の状況《じょうきょう》をふまえ、特定の相手に向けて書いたもの。書き手の思いを届《とど》けたり、情報を伝達したりするなど、幅広《はばひろ》い目的で用いられる。

☑**手紙の書き方**…伝える目的や内容を明確にして、書く相手に合わせた適切な言葉づかいで書く。

＋プラス＋ 時候のあいさつ

手紙の「前文」の書き出しで、「時候のあいさつ」を用いることがある。時候のあいさつは、四季折々、自然の移り変わりを心に留めて暮《く》らす日本人の文化である。相手を気づかう思いをこめて、表現を工夫するとよい。

例 すがすがしい新緑の季節となりましたが、お元気でお過ごしでしょうか。

表現力アップ

Q 次の文章の――線部を適切な表現に直しなさい。

電車で優先席《ゆうせんせき》に座《すわ》っている人を観察①をしました。スマホを夢中②にさわっている人がいました。前にお年寄りが立っている③ので、気づきませんでした。

A ①「を」を取る。 ②「に」を「で」に変える。 ③「ので」を「のに」(けれども)に変える。

14 文章の書き方

ココ大事！

★**文章を書くときは、テーマ（主題）・書く目的・書く相手をはっきりさせる。**

★**取材・構成・記述・推敲《すいこう》の手順で書く。**

★**目的によって書く形式や内容が異《こと》なる。**

深めるチェック 文章を書くために

☑**文章を書くときのポイント**…テーマ・目的・相手を考える。

・テーマ（主題）…調べたことや伝えたいこと。

・目的…何のために、何をどう伝えたいのか。

・相手…読み手はだれか。

☑**取材する**…観察・インタビュー・資料などから目的に合う調べ方を選び、集めた材料をもとに書き出す。

☑**構成を考える**（構想）…書き出したものを内容のまとまりに分けて整理し、全体の構成を考える。

☑**文章を書く**（記述）…わかったことと自分の考えを区別して書き、絵や図をなどの資料を活用する。

☑**推敲する**（読み直す）…文字のまちがいはないか、句読点や符号《ふごう》のつけ方は適切か、主語と述語は対応しているか、文末の「です・ます」「だ・である」が混ざっていないか、読みやすい文章か、など。

深めるチェック 文章の書き方

☑**意見文**…ある事がらについて自分の意見を、その根《こん》拠《きょ》となる事例をあげて述べた文章。

☑**意見文の書き方**…序論《じょろん》・本論・結論の構成にする。

序論…これから述べる話題や問題点など。

本論…自分の考えを支える具体的な事例。

結論…本論から導き出された自分の意見や展望《てんぼう》など。

☑特別な言葉づかいと表現技法

句切れ…内容や調子の区切れ目。二・四句切れは五七調、初・三句切れは七五調のリズムになる。

かけ詞《ことば》…一つの音で二つの言葉の意味をかねて表す。

まくら詞《ことば》…決まった言葉の上にそえる五音の言葉。

例 くさまくら→旅　ちはやぶる→神・宇治《うじ》

深めるチェック　俳句の形式と表現の工夫

☑俳句の形式…五・七・五の十七音で成り立っている。短歌の上の句(五・七・五)の部分が独立したもの。

☑俳句の味わい方…感覚的な表現や比ゆなどの表現技法をとらえ、作者が何に感動したのかを読み取る。

☑季語…俳句は季節感を大切にするため、句の中に季語を入れる決まりがある。

※季語を知るには歳時記《さいじき》で調べるとよい。

☑切れ字…意味の区切れに置く言葉で、「や・かな・けり」などがある。情景を思いうかべることで、句のイメージを強める効果がある。

＋プラス＋　古代の中国の詩「漢詩」

春暁《しゅんぎょう》　(孟浩然《もうこうねん》)

春眠暁《しゅんみんあかつき》を覚えず／処処啼鳥《しょしょていちょう》を聞く／
夜来風雨《やらいふうう》の声／花落つること　知る多少ぞ

〈現代語訳《やく》〉春の明け方は暖《あたた》かくて心地《ここち》よく、目を覚ませない。あちこちで鳥の鳴く声が聞こえてくる。昨夜は風雨の音がしていたが、花はどのくらい散ってしまっただろうか。

表現力アップ

Q 次にあげた俳句の、季語と季節を答えなさい。

①菜の花や月は東に日は西に　与謝蕪村《よさぶそん》

②いくたびも雪の深さをたずねけり　正岡子規《まさおかしき》

③名月をとってくれろと泣く子かな　小林一茶《こばやしいっさ》

A ①季語…菜の花・季節…春　②季語…雪・季節…冬　③季語…名月・季節…秋

13 詩・短歌・俳句

ココ大事!

★詩にはリズム（音数）のほか、さまざまな表現の工夫《くふう》がある。

★短歌と俳句《はいく》には、それぞれ形式や決まりごとがある。

深めるチェック 詩の特ちょうと表現の工夫

☑**詩**…心に強く感じたことを短い言葉やリズムをもった文で表現したもの。

☑**詩の形式による分類**

定型詩…一定の音数（五音・七音）をくり返す詩。

自由詩…一定の音数にこだわらない詩。

散文詩…行分けがなく、散文（ふつうの文章）と同じように書かれた詩。

☑**詩の内容による分類**

叙事詩《じょじし》…神や英ゆうの生がい・業績などをうたう。

叙景詩《じょけいし》…自然の風景や自然現象を描《えが》く。

叙情詩《じょじょうし》…心情を中心に描く。

☑**詩の味わい方**

・一つ一つの言葉の意味や詩全体の情景をとらえる。

・作者の思いや考えを、音読を通して想像する。

・作者の感動などを効果的に表すための表現の工夫をとらえる。（連がえ・比ゆ・擬人法《ぎじんほう》・反復法・省略法・対句・体言止め・呼《よ》びかけ・倒置法《とうちほう》など）

深めるチェック 短歌の形式と表現の工夫

☑**短歌の形式**…五・七・五・七・七の三十一音で成り立っている。五・七・五を上《かみ》の句、七・七を下《しも》の句という。

＊三十一音より多い字余り、三十一音より少ない字足らずの短歌もある。

深めるチェック 物語文の読み取り方

☑**場面の様子に着目し、全体像や主題をとらえる。**

・場面の様子から、人物の心情とその変化、人物どうしの関係をつかむ。

・人物の言動を描《えが》いた**行動描写《びょうしゃ》**、人物の内面を描いた**心情描写**、周りの景色や様子と人物の心情がひびき合うように描いた**情景描写**に着目する。

・物語全体を通した登場人物の言動やこだわりから、登場人物の**人物像**や作品の**全体像**をつかむ。

・作品から受け取る**メッセージ（主題）**をつかむ。

深めるチェック 随筆の読み取り方

☑**随筆**…筆者が感じたことや、体験・読書などから得た知識をもとに、**考え**や**感想**などを**自由に書いた文章**。**出来事（事実）**と**筆者の受け止め方**を読む。

☑**随筆の構成**…筆者の**体験**や**見聞**とそれらに関する**解《かい》しゃく**と**主張**・**感想**などから成る。

＋プラス＋ 古典にみる随筆

○古典の中にも随筆の作品がある。昔の人々の当時の**暮《く》らしぶり**や**自然との向き合い方**、**世の無常さ**、**世の中への意見**など、さまざまな内容がつづられている。

○代表的な随筆…平安《へいあん》時代から鎌倉《かまくら》時代に書かれた「**枕草子《まくらのそうし》**」（清少納言《せいしょうなごん》）、「**方丈記《ほうじょうき》**」（鴨長明《かものちょうめい》）、「**徒然草《つれづれぐさ》**」（兼好法師《けんこうほうし》）。

表現力アップ

Q 次にあげた**ア～エ**の文を「起承転結」の順に並《なら》べかえ、短い物語にしなさい。

ア 夜に虫の鳴き声を聞くのが楽しみになった。

イ 父のくしゃみもよくひびいた。

ウ 草深いいなかに引っ越《こ》してから初めての秋。

エ スイッチョン、リリリリ、ハックション。

A 起（ウ）承（ア）転（エ）結（イ）

12 物語文の読み取り方

ココ大事!

★物語文…作者の想像をもとに書いた筋《すじ》のあるお話。設定や起承転結《きしょうてんけつ》の組み立て、場面の様子、心情の変化に注意する。

★随筆《ずいひつ》…筆者が感じたことなどを自由に書いた文章。出来事(事実)と筆者の受け止め方を読む。

深めるチェック 物語の設定と組み立て

☑**物語の設定**(構成要素)

・だれが…主人公(中心人物)と主人公に大きくえいきょうをあたえる対人物、周辺人物はだれか。

・いつ、どこで…どのような時代・季節・時間の出来事か。どこを舞台《ぶたい》にして書かれたお話か。

・何をどうした…物語がどのように進められ、出来事が人物の心情の変化や結末にどのようなえいきょうをあたえたか。

☑**物語文の組み立て**…起→承→転→結の順に進められるのが基本。出来事の順序から物語の筋をつかむ。

起…物語の起こり

承…物語の起こりを受けて、物語が進む。

転…状況《じょうきょう》が転かんし、中心となる出来事が起こる。

結…物語が終結する。

☑**場面**…「あるとき」「あること」が「ある人」によって起こった、ひと続きの部分。物語の中心的な場面をクライマックス(山場)という。

クライマックスは単なる盛《も》り上がりの場面ではなく、主人公の強い思いや感情のゆれ動きが表現されたところなんだよ。

深めるチェック

論説文の読み取り方

☑**論説文**は、筆者の考えが文章全体に反映《はんえい》されていることが多い。筆者の主張とそれを支える事例との関係を読み取る。

☑**論説文の文章構成**は、次の内容が基本。

- **序論**…話題提示や問題提起など。筆者の主張が置かれている場合もある。
- **本論**…筆者の主張を支える具体例や理由をあげ、問題点をはっきりさせる。
- **結論**…筆者の主張、読者へのメッセージ。

☑**文章の三つの型**…筆者の主張の置かれる場所によって、次のように分けられる。

- **尾括《びかつ》型**…具体例や理由などを述べた後で、それらをふまえた筆者の考えを述べる。
- **頭括《とうかつ》型**…先に筆者の考えを述べ、その考えの理由や根拠《こんきょ》となる具体例を述べる。筆者の考えをおさえながら読むことができる良さがある。
- **双括《そうかつ》型**…先に筆者の考えを述べてから、それを支える具体例を述べ、それらをふまえてもう一度筆者の考えを述べる。

＋プラス＋ 報道文

○報道文…新聞記事のように、世の中の出来事を広く伝えるために、事実に基づいて書いた文章。

○報道文の読み方…文字による情報と、図表や写真で示した情報を関連づけて読む。

表現力アップ

Q 次のように並《なら》んだとき、文章は「頭括型・双括型・尾括型」の、どの型になるか答えなさい。

- 話を聞いてくれる。
- みんなに公平。
- 教え方が上手。

→先生を信らいする。

A 尾括型

11 説明文・論説文の読み取り方

ココ大事！

★説明文…ある事がらや考え方について、読み手にわかりやすく説明した文章。

★論説文《ろんせつぶん》…筆者の考えを主張するために事例や理由を述べた文章。

深めるチェック　説明文の読み取り方

☑**題目（表題）と問いの文に着目する。**

・説明文は、ある事がらや考えについて、読み手に興味をもってもらえるよう工夫《くふう》して書かれている。

・題目や、文章の前半にある「～でしょうか」などの形で示した問いの文に着目すると、どんな内容について書かれた文章なのかがわかる。

☑**段落《だんらく》の内容と段落どうしのつながりをつかむ。**

・文章を段落ごとに分け、主語や中心となる語・文に着目し、その段落の内容をとらえる。

・接続語を手がかりにして、段落どうしの関係をとらえる。

「例えば」↓具体例をあげて説明するとき。

「なぜなら」↓事例や意見の理由を述べるとき。

「しかし」↓前に述べた内容と逆のことを述べるときのほか、筆者が強く意見するとき。

・「この」「その」などの指示語に注意して読む。

☑**文章全体を要約する。**…大事な言葉や文を見つけ、言葉を補《おぎな》いながら文章を短くまとめる。

☑**結論を読む。**…結論は文章の後半にあることが多い。

・結論の内容と各段落の事例とのつながりを確かめ、文章全体の要旨《ようし》をとらえる。

・同じ表現のくり返しや対比表現から、文章の大事なところを見ぬき、筆者の考えと関連づける。

☑**補助の関係**…後につく文節が意味をそえる関係。

例 秋の　虫が　鳴いて　いる。

深めるチェック 文章の読み方

☑**文章の内容を理解する**…語や文の意味がわかるだけでなく、文と文のつながりを読み取ることが大切。

☑**文学的文章の読み方**

・あらすじと設定「いつ・どこで・だれが・何を・どうした」を読み取る。

・登場人物の心情(とその変化)を場面の様子と結びつけて読み取る。

・登場人物の人物像と作品の全体像を読み取る。

☑**説明的文章の読み方**

・段落《だんらく》を意識し、中心となる語や文をとらえる。

・接続語や指示語に着目し、文と文、段落と段落のつながりをつかむ。

・筆者の考えがどこに書かれているかをつかむ。

プラス　さまざまな文章の種類

○文学的文章…童話・小説・伝記・随筆《ずいひつ》・詩・短歌・俳句《はいく》・戯曲《ぎきょく》など。

○説明的文章…説明文・論説文《ろんせつぶん》・記録文・報告文・報道文など。

表現力アップ

Q 次の各文の――線の文節の結びつき方を、あとから選んで答えなさい。

①私は音楽会へ行きました。　②遠い山が見えた。

③この石は割れている。　④高くて険しい山。

ア 主語と述語の関係　**イ** 並立の関係

ウ 修飾と被修飾の関係　**エ** 補助の関係

オ 独立の関係

A ①ア　②ウ　③エ　④イ

10 文の組み立てと文章の読み方

ココ大事！

★文節の結びつき方には、主語と述語の関係、修飾《しゅうしょく》・被《ひ》修飾の関係、接続の関係、独立の関係、並立《へいりつ》の関係、補助《ほじょ》の関係がある。

★文章の読み方…文章の種類は、大きく文学的文章と説明的文章に分けられる。文と文のつながりを読み取ることが大切。

深めるチェック　文をつくる言葉の単位

☑**文**…書き始めから、句点「。」までのひと区切りの言葉のまとまり。二つ以上の文が集まって文章になる。

☑**文節**…意味がわかる程度に文を区切ったまとまり。文はふつう、二つ以上の文節からできている。

☑**単語**…文節をさらに細かく区切った最小の単位。

深めるチェック　文節の結びつき方

☑**主語と述語の関係**…次の四つの文型が基本である。

①月が（主語・何が(は)）　出る。（述語・どうする）

②花が（主語・何が(は)）　きれいだ。（述語・どんなだ）

③あれが（主語・何が(は)）　小学校だ。（述語・何だ）

④雲が（主語・何が(は)）　ある。（述語・ある(いる)）

☑**修飾と被修飾の関係**…他の文節をくわしく説明する。

例　青い（修飾語）　鳥が（被修飾語）　ぱたぱたと（修飾語）　飛んだ。（被修飾語）

☑**接続の関係**…文と文、文節と文節がつながる関係。

例　体温が高い。だから（接続詞）、学校を休んだ。

☑**独立の関係**…文節のつながりがなく、独立した関係。

例　うん、そう　しよう。　ああ、いい　天気だ。

☑**並立の関係**…二つ以上の文節が対等に並《なら》ぶ関係。

例　夜空に　月や　星が　出た。

☑**形容詞の活用**…文中での使い方による語形の変化。
「広い」→広かろう・広かった・広くない・広い・広いとき・広ければ

☑**形容動詞の活用**…文中での使い方による語形の変化。
「活発だ」→活発だろう・活発だった・活発でない・活発になる・活発だ・活発な・活発なら

☑**形容詞・形容動詞の働き**
述語になる→例 海は広い《述語》。 ぼくは元気だ《述語》。
主語になる→例 小さいのが《主語》ある。 正確なのが《主語》よい。
修飾語になる→例 広い《修飾語》海を見る。 安全な《修飾語》国に住む。

深めるチェック 助動詞・助詞

☑**助動詞**…主に動詞の下について、意味をそえる働きをもつ。受け身・使役《しえき》・打ち消し・推定《すいてい》・希望・伝聞・様態・断定・意志などの意味がある。

☑**助詞**…いろいろな語の下について、語と語の関係を示したり、意味をつけ加えたりする。格助詞・接続助詞・副助詞・終助詞の四つに分類される。

深めるチェック 敬語

☑**敬語**…聞き手や動作の相手などに対して敬意を表す言葉。主に次の三種類がある。
尊敬語《そんけい》…相手の動作や物事を高めることで、相手に敬意を表す。
けんじょう語…自分の動作をけんそんすることで相手に敬意を表す。
ていねい語…物や動作などをていねいに言うことで聞き手に敬意を表す。

表現力アップ

Q 次の文章の——線部の品詞を答えなさい。
プランターでアサガオを①育てている。くきは②長くのび、青色の花がとても③きれいにさいた。

A ①動詞 ②形容詞 ③形容動詞

09 言葉の働き②

ココ大事！

- ★**動詞《どうし》は動作・作用・存在《そんざい》を表す。**
- ★**形容詞・形容動詞は物の状態や性質を表す。**
- ★**助動詞は意味をそえる働きをもつ。**
- ★**助詞は語と語の関係を示す働きをもつ。**
- ★**敬語《けいご》は聞き手や動作の相手に敬意を表す。**

深めるチェック　動詞・形容詞・形容動詞

☑**動詞**とは…動作・作用・存在を表す品詞。言い切りが「ウ」の音。

動作→例山に登る。　最新のヒット曲を歌う。

作用→例雨が降《ふ》る。　ストーブが燃える。

存在→例川がある。　妹がそばにいる。

☑**動詞の活用**…文中での使い方による語形の変化。

「書く」→書かない・書きます・書く・書くとき・書けば・書け・書こう

☑**自動詞と他動詞・可能動詞**

自動詞…主語についての動作・作用を表す。

例私《わたし》は泳ぐ。　水が流れる。

他動詞…主語が他の物におよぼす動作や作用を表す。

例手紙を届《とど》ける。　水を流す。

可能動詞…「〜できる」という意味を表す。

例上手に書ける。　はっきりと言える。

☑**動詞の働き**

述語になる→例花がさく《述語》。

主語になる→例走るのが《主語》好きだ。

修飾語になる→例よくかんで食べる《修飾語》習慣をつける。

☑**形容詞と形容動詞**…物の状態や性質を表す品詞。言い切りの形は、形容詞が「い」、形容動詞が「だ」。

深めるチェック

接続詞・感動詞

☑**接続詞**…前後の文や文節、単語をつなぐ。（単独で接続語になる）

順接	だから・それで・したがって
逆接	しかし・だが・でも・けれども
累加《るいか》・並列《へいれつ》	また・そして・および・なお・そのうえ
対比・選択《せんたく》	または・あるいは・それとも
説明・補足《ほそく》	なぜなら・つまり・ただし・もっとも
話題転かん	ところで・さて・では

☑**感動詞**…ふつう、文頭にあり、感動・呼《よ》びかけ・応答などを表す。（単独で独立語になる）

感動…おや・まあ・あら・やれやれ

呼びかけ…もしもし・あのね・おい・こら

応答…はい・いいえ・いや・ええ・うん

あいさつ…おはよう・こんにちは・さようなら

＋プラス＋ 形式名詞

その語のもとの意味がうすれて、補助的・形式的に用いられる単語。上にその語を修飾する文節がくることが多い。

例 話すことが好きだ。

今帰ってきたところだ。

表現力アップ

Q 次の文章の——線部の品詞を、あとから選んで答えなさい。

①ある日、公園のベンチで本を②読んでいた。③すると、後ろから④いきなり声をかけられた。⑤それは、昔からの友達だった。

ア 名詞　イ 動詞　ウ 副詞

エ 連体詞　オ 感動詞　カ 接続詞

A ①エ　②イ　③カ　④ウ　⑤ア

08 言葉の働き①

ココ大事！

★名詞《めいし》は人や物・場所・事がらなどを表す。

★副詞は用言を修飾《しゅうしょく》して状態や程度を説明し、連体詞は下にくる名詞を修飾する。

★接続詞は前後をつなぐ。感動詞は独立語。

深めるチェック　名詞

☑**名詞**…人や物・場所・事がらなどを表す。（単独で主語になる）

普通《ふつう》名詞…自転車・遠足など物事の名前を表す。

固有名詞…東京・富士山など、原則として一つしかないものの名前を表す。

数詞…一台・二位など数量や順序《じゅんじょ》を表す。

代名詞…人や物の名前の代わりに使う。

深めるチェック　副詞・連体詞

☑**副詞**…修飾語となり、状態や程度をくわしく説明する働きをもつ。（主として用言を修飾する）

状態の副詞…動作・作用の状態をくわしく表す。

ゆっくり　走る。　しばらく　待った。

程度の副詞…物事の性質や状態などの程度を表す。

とても　きれいだ。　もっとゆっくり歩きなさい。

呼応《こおう》の副詞…受ける文節が一定の言い方になる。

例 決して話さない。（打消）

たぶん晴れるだろう。（推量《すいりょう》）

もし合格したらうれしいな。（仮定）

☑**連体詞**…下にくる名詞を修飾する。

例 わが国・この本・大きな服・あらゆる民族

深めるチェック 慣用句

☑**慣用句**…昔から言いならわされ、二つ以上の言葉が結びついて、全体として特別な意味をもった決まり文句。人の体や動植物、道具に関わるものがある。

・人の体の部分を用いたもの

例 **目**に余る（だまって見ていられない）

例 **耳**を貸す（人の話を聞く）

・動物にたとえたもの

例 **さる**しばい（すぐにばれるようなたくらみ）

例 飛ぶ**鳥**を落とす（とても勢いがよい）

・道具にたとえたもの

例 **げた**をあずける（相手にすべてをまかせること）

例 **幕**《まく》を下ろす（一連の物事が終わること）

＊そのほかにも、専門《せんもん》用語や特定の分野で使われていた言葉が慣用句になったものもある。

例 **十八番**《おはこ》（得意技のこと）…歌舞伎《かぶき》の用語

例 **軍配があがる**（勝負がつくこと）…相撲《すもう》の用語

深めるチェック 故事成語

☑**故事成語**…ことわざに似た短い言葉で、中国に伝わる古い物語や歴史上の有名な出来事がもとになってできた言葉。

例 **推敲**《すいこう》（書いた文章を見直し、練り上げること）

例 **背水**《はいすい》**の陣**《じん》（一歩もあとに引けない状態に身を置いて、全力をつくすこと）

表現力アップ

Q 次の故事成語の意味を、あとから選んで答えなさい。

①朝三暮四《ちょうさんぼし》（ウ） ②大器晩成《たいきばんせい》（ア）

ア 才能のある人は成功するまで時間がかかる。

イ 指示や命令が変わり、一定しない。

ウ うまく言いくるめて人をあざむくこと。

エ あせらず待っていれば幸せはめぐってくる。

07 ことわざ・慣用句・故事成語

ココ大事!

★ことわざ…古くから言いならわされ、生活に役立つ事がらがふくまれた言葉。

★慣用句…二つ以上の言葉が結びついて、特別な意味をもった言葉。

★故事成語…中国の古い物語や歴史上の有名な出来事がもとになってできた言葉。

深めるチェック ことわざ

☑**ことわざ**…昔から言い伝えられた生活の知恵《ちえ》や教訓などがふくまれている言葉。人の心にふれるものが多い。

例 石橋をたたいてわたる(なにごとにも用心深く行動すること)

☑**ことわざのとらえかた**

・描《えが》かれている情景を想像する。

例 さるも木から落ちる→木登り上手なさるが木から落ちてしまったことを想像する。

・意味を二つに分けて理解する。

例 知らぬが仏→「知らない」ことと、「仏＝心のおだやかな状態」を関係づけて考える。

・使われているたとえをとらえる。

例 うどの大木→うどの木は、くきが長く大きいが、やわらかいので、役に立たない人としてとらえる。

・ユーモアを味わう

例 かめの甲《こう》より年の功→長生きのかめと人生経験との対比、音をかけたおもしろさを味わう。

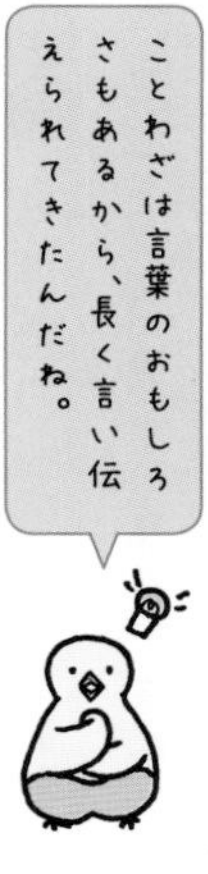

エ…和語＋外来語　例 生＋クリーム→生クリーム

オ…外来語＋外来語　例 タイム＋セール→タイムセール

カ…漢語＋外来語　例 計量＋カップ→計量カップ

＊右のうちイ・エ・カのように、ちがう種類がまざった言葉を混種語《こんしゅご》という。

深めるチェック　話し言葉と書き言葉

☑**話し言葉と書き言葉**…次のような特質のちがいがある。目的や状況《じょうきょう》にあわせた使い分けが大切。

話し言葉	書き言葉
発せられた後に消える。	くり返し確認《かくにん》できる。
同音《どうおん》異《い》義《ぎ》語《ご》など、同じ音の語の意味がわかりにくい。	漢字表記などにより、語の意味がわかりやすい。
一文が短く、文や文章の構造が平易。	一文が長く、文や文章の構造が難《むずか》しい。
親しみやすい表現。（聞き手を意識）	あらたまった表現。（読み手を意識）

＋プラス＋　外来語の注意点

日本社会の国際化にともなって、外来語を使う機会が増えてきている。外来語は、その語への知識がない相手には、意味が通じないことがある。また、外来語のもともとの意味から外れた使い方をしてしまうこともある。

目的や相手に合わせて、適切に外来語を使用することが大切である。

表現力アップ

Q 次の和語の意味を、あとから選んで答えなさい。

①あからさま（ウ）　②うってつけ（イ）

ア たいそう複雑な様子。

イ ぴったり当てはまっていること。

ウ 包みかくさずはっきりとしていること。

06 日本語の種類と特ちょう

ココ大事！

★日本語には**和語《わご》**・**漢語《かんご》**・**外来語**がある。

★**複合語《ふくごうご》**は、二つ以上の言葉が組み合わさって一つの言葉になったもの。

★言葉で伝える手段《しゅだん》として、音声表現による**話し言葉**と文字表現による**書き言葉**がある。

深めるチェック　和語・漢語・外来語

☑**和語**…日本に昔からある言葉で、漢字は訓読みで読む。大和《やまと》言葉ともいう。

例 草木《くさき》・市《いち》・ふるさと・人・おもむろに・すこぶる

☑**漢語**…中国から伝わった言葉。音読みで読む。

例 兄弟・銀行・明細・教育・事情・主張

☑**外来語**…主としてヨーロッパなどの外国語から取り入れた言葉。**かたかな表記**にする。

例 クラシック・テーマ・プライバシー・マニュアル

＊英語の頭《かしら》文字を使った次のような外来語もある。

例 E《イー》メール・J《ジェイ》リーグ

☑**外来語の使い方**…名詞《めいし》として使うことのほか、「～する」「～な」「～に」などをつけて使うこともある。

例 イメージする・アクティブな・スピーディーに

深めるチェック　複合語

☑**複合語**…もとは別々であった二つ以上の言葉が組み合わさって一つの言葉になったもの。

☑**複合語の組み合わせ方**

ア…和語＋和語　例 折る＋紙→折り紙

イ…和語＋漢語　例 指＋人形→指人形

ウ…漢語＋漢語　例 永久＋保存《ほぞん》→永久保存

深めるチェック 対義語

☑対義語の組み合わせ

・反対の意味の漢字…組み合わせると二字熟語になるものがある。

例 軽⇕重＝軽重　動⇕静＝動静　利⇕害＝利害

・二字熟語どうしの組み合わせ…最も数が多い。

例 収入《しゅうにゅう》⇕支出、賛成⇕反対　権利《けんり》⇕義務

・三字熟語の組み合わせ(二字熟語＋一字)

例 主観的⇕客観的　能動的⇕受動的

・二字熟語の上に打ち消しの意味の字がつくもの。

例 可能⇕不可能　常識⇕非常識　分別⇕無分別

・和語《わご》どうしの組み合わせ

例 新しい⇕古い　覚える⇕忘《わす》れる

・外来語どうしの組み合わせ

例 メリット⇕デメリット

☑対照語…反対の意味の語ではないが、対照的な関係にあり、二つで一つの組となるもの。

例 予習⇕復習　経度⇕緯度《いど》　赤字⇕黒字

☑対義語の観点による言葉のちがい

例 父⇕{母(両親)／子(親子)}　和⇕{差(算数)／洋(日本と海外)}

＋プラス＋ 文章理解と表現の工夫

説明文や論説文《ろんせつぶん》では、**キーワード**として対義語がしばしば用いられる。また、言いかえなどで類義語が用いられることもある。

対義語や類義語をたくさん覚えると、文章の読解や記述のときに役立つ。

表現力アップ

Q 次の①・②には**対義語**、③・④には**類義語**を答えなさい。

①許可―(禁止)　②過去―(未来)

③異国《いこく》―(外国)　④考査―(試験)

05 類義語・対義語

ココ大事！

★**類義語**…意味や使われ方が同じような言葉。同義語・同意語ともいう。

★**対義語**（反対語）…意味が反対になる対意語や、反対の意味ではないが対照的な関係にある語をまとめていう。

深めるチェック　類義語

☑類義語の組み合わせ

・似た意味の漢字…漢字自体が似た意味で、組み合わせると二字熟語《じゅくご》になるものがある。

例 増＋加＝増加　困＋難＝困難《こんなん》　価＋値＝価値《かち》

・二字熟語どうしの組み合わせ

例 結果＝結末　同意＝賛成　準備＝用意

・二字熟語と和語の組み合わせ

例 風景＝ながめ　生活＝暮《く》らし

・和語どうしの組み合わせ

例 ひいでる＝すぐれる　しきたり＝ならわし

・熟語・和語と外来語の組み合わせ

例 投手＝ピッチャー　好機＝チャンス

☑類義語の細かな意味のちがい

体験…実際にやってみること。

例 あるイベントで一日店長を体験した。

経験…体験して身につけること。

例 生徒会長の経験がある。

未然…まだそうなっていない。

例 事故を未然に防ぐ。

事前…物事が起こる前

例 事故を事前に防ぐ。

③	二字の熟語の下に、意味をそえる字がついたもの	建設的・可能性 国際化・得意然《ぜん》
④	二字の熟語の下に一字がついたもの（**上の熟語が意味をつけ加えている**）	共通語・会議室 消費税・連帯感
⑤	三字が対等に並《なら》んでいるもの	松竹梅・心技体 天地人
⑥	二字の熟語が合わさり、一字省略されたもの	動植物 （動物＋植物） 輸出入 （輸出＋輸入）

深めるチェック 四字熟語の覚え方

☑**四字熟語**…単純に漢字や熟語を組み合わせたものもあるが、特別な意味合いをもつものも多い。

・四字が対等に並んでいるもの

例 東西南北《とうざいなんぼく》・起承転結《きしょうてんけつ》

・上の二字と下の二字が似ている意味をもつものや対立する意味をもつもの

例 自給自足《じきゅうじそく》・有名無実《ゆうめいむじつ》・弱肉強食《じゃくにくきょうしょく》

・二字ずつ同じ漢字を重ねたものや数に関わるもの

例 正々堂々《せいせいどうどう》・時々刻々《じじこくこく》・千差万別《せんさばんべつ》・朝三暮四《ちょうさんぼし》

・上の二字と下の二字が主述や修飾《しゅうしょく》の関係にあるもの

例 意気投合《いきとうごう》・因果応報《いんがおうほう》・不言実行《ふげんじっこう》

＋プラス＋ 四字以上の熟語

四字以上の熟語は、分けて考えることができる。言葉の切れ目に注意しよう。

［校内／放送］［都／道／府／県］

［国立／科学／博物／館］［希望／的／観測］

［温帯／低／気圧］［高度／経済《けいざい》／成長］

表現力アップ

Q 次の（　）に、「非・不・無・未」のいずれかを入れて、熟語を完成させなさい。

①（不）可解　②（非）常識　③（不）明朗《めいろう》

④（無）関心　⑤（非）公開　⑥（未）完成

04 熟語の組み立て

ココ大事!

★二字熟語《じゅくご》と三字熟語には、さまざまな組み立て方がある。

★四字熟語は、単純《たんじゅん》な漢字を組み合わせたものと、特別な意味合いをもつものがある。

深めるチェック 熟語の組み立て

☑**二字熟語**…二つの漢字が組み合わさってできた言葉。組み立て方によって、次の種類に分けられる。

	組み立て	例
①	似た意味の漢字の組み合わせ	絵画・計測・豊富
②	反対や対になる漢字の組み合わせ	進退・異同《いどう》・軽重
③	上の漢字が下の漢字に対してくわしく説明するもの	高山《こうざん》・最長・曲線
④	上の漢字に対して下の漢字がその内容を補《おぎな》うもの	停電・納税《のうぜい》・有効
⑤	上の漢字が主語で下の漢字が述語の関係にあるもの	腹痛《ふくつう》・地震《じしん》・日没
⑥	上の漢字が下の漢字を打ち消すもの	未知・無知・非礼
⑦	その他 (1)長い熟語を略したもの (2)故事成語	(1)国連→国際連合 (2)圧巻→ほかよりすぐれた作品。

☑**三字熟語**…二字熟語に一字が加わってできたものが多い。組み立て方によって、次の種類に分けられる。

	組み立て	例
①	二字熟語の上に、打ち消しの意味をもつ漢字がついたもの	不景気・非公式 無条件・未解決
②	二字熟語の上に、一字がついたもの(上の字が下の熟語をくわしく説明している)	口下手・初対面 新学期・高気圧

	原則	漢字例	例外
①	**横画**から**先**に	十・土・計・七	
②	**縦画**《たて》から**先**に	田・男・細	
③	**中**から**左右**へ	小・当・水・常	火・性
④	**外側**から**先**に	国・因・同・肉	区・医
⑤	**左はらい**から**先**に	文・父・人・金	
⑥	**つらぬく縦**は**最後**	中・車・神	里
⑦	**つらぬく横**は**最後**	女・母・安・子	世
⑧	**横線**の次に**左はらい**	左・友・在・存	右・布
⑨	走は**先**、辶は**最後**	起・近	

☑**形が似ている漢字**…似形異字《じけいいじ》ともいう。まちがえやすいので、特に部首には注意する。

例 管《かん》と官《かん》と宮《きゅう》　住《じゅう》と往《おう》と柱《ちゅう》　特《とく》と持《じ》　積《せき》と績《せき》

☑**漢字の手書き書体**…楷書《かいしょ》・行書《ぎょうしょ》・草書《そうしょ》が広く用いられている。ほかにも隷書《れいしょ》・篆書《てんしょ》がある。

①**楷書**…一画一画を続けずに書いたもの。

②**行書**…楷書よりもいくらか続け書きがあるもの。

③**草書**…字画を大きくくずして書いたもの。

①楷書	②行書	③草書	①楷書	②行書	③草書
機	機	機	海	海	海
確	確	確	屋	屋	屋

表現力アップ

Q 次の**ア**〜**ウ**は、——線部の漢字と同じ読みの漢字が入ります。それぞれ答えなさい。

・幹部として登用された。

ア (当)分連らくがとれない。

イ 新技術を(投)入した。

ウ (頭)角をあらわす。

03 漢字の書き

ココ大事！

★同音異字《どうおんいじ》と同訓異字《どうくんいじ》…読み方が同じでも、形や意味が異《こと》なる漢字。

★同音異義語…音読みが同じで、意味が異なる語。

★漢字を構成する点や線を画《かく》といい、漢字を書くときの順序を筆順という。

深めるチェック 同音異字と同訓異字

☑**同音異字**…音読みが同じで、形や意味が異なる漢字。

例 ケイ→系・経・敬・景・軽・係・計

例 ヘイ→平・閉・兵・陛

☑**同訓異字**…訓読みが同じで、形や意味が異なる漢字。「何を(が)」に注目して使い分けるとよい。

例 かえる→あいさつに代える。場所を変える。

例 あける→夜が明ける。家を空ける。窓《まど》を開ける。

例 あたたかい→暖かい冬。温かい気持ちで接する。

深めるチェック 同音異義語

☑**同音異義語**…同じ音読み(同音)で意味が異なる(異義)漢字を用いた語。内容に応じて適切に使い分ける。

例 カイホウ→人質《ひとじち》を解放する。窓を開放する。快方に向かう。

例 タイショウ→調査対象は小学生。対照的な性格。

深めるチェック 筆順と文字の形

☑**漢字の筆順**…筆順をしっかりと身に付け、きれいな形で早く書けるようになろう。

・重箱読み…上を音、下を訓で読む。

例 客間《きゃくま》・本屋《ほんや》・試合《しあい》

・湯桶読み…上を訓、下を音で読む。

例 消印《けしいん》・大勢《おおぜい》・麦茶《むぎちゃ》

深めるチェック 音が変わる言葉

☑ **連濁《れんだく》**…二つの漢字が組み合わさり、後の語のはじめの音が濁《にご》った音になるもの。

例 横＋顔《かお》↓横顔《がお》　花＋火《ひ》↓花火《び》　花＋畑《はたけ》↓花畑《ばたけ》

☑ **連声《れんじょう》**…二つの漢字が組み合わさり、前の語の音にえいきょうされて後の語の音が変化するもの。

例 天《てん》＋皇《おう》↓天皇《てんのう》　順《じゅん》＋応《おう》↓順応《じゅんのう》

☑ **転音《てんおん》**…二つの漢字が組み合わさり、前の語の後ろの音が変化するもの。

例 風《かぜ》＋上《かみ》↓風上《かざかみ》　雨《あめ》＋具《ぐ》↓雨具《あまぐ》

＋プラス＋ 多義語

多義語《たぎご》…同じ漢字で同じ読みでも、使い方によって意味が変わる言葉。

例 **破る**

①手紙を破る↓引きさく

②約束を破る↓そむく

③敵《てき》を破る↓負かす

④記録を破る↓こう新する(ぬりかえる)

表現力アップ

Q 次の①～④の熟語の読みを答え、あとの**ア**～**エ**から当てはまるものを選びなさい。

①反旗〔はんき〕〔ア〕　②台所〔だいどころ〕〔ウ〕

③布製〔ぬのせい〕〔エ〕　④道草〔みちくさ〕〔イ〕

ア　音読みのみ　イ　訓読みのみ

ウ　重箱読み　エ　湯桶読み

02 漢字の読み

ココ大事！

- ★ 漢字の読みには、**音読み**と**訓読み**がある。
- ★ 熟語《じゅくご》には**音読み＋音読み**、**訓読み＋訓読み**のほか、**重箱《じゅうばこ》読み**と**湯桶《ゆとう》読み**がある。
- ★ 熟語になると**音が変化**することがある。

深めるチェック　音読み・訓読み、送り仮名

☑ **音読み**…昔の中国語の発音を、当時の日本人が似せて読んだ読み方。二つ以上の音をもつ漢字もある。

明		
呉音《ごおん》	ミョウ	光明《こうみょう》・明星《みょうじょう》
漢音《かんおん》	メイ	明暗《めいあん》・明白《めいはく》
唐音《とうおん》	ミン	明国《みんこく》

☑ **訓読み**…漢字のもつ意味と、もともとの日本語（和《わ》語《ご》）の意味が同じことからそれを当てはめた読み方。送り仮名《がな》に注意して読む。

例 供↓そな（える）・とも　紅↓べに　敬↓うやま（う）

☑ 送り仮名の変化…動きや様子を表す言葉は、使い方によって送り仮名の形が変わる。

例 話《はな》す↓話《はなし》　光《ひか》る↓光《ひかり》　帯《お》びる↓帯《おび》　組《く》む↓組《くみ》

深めるチェック　熟語の読み方

☑ **熟語の読み**…音読み＋音読み、訓読み＋訓読みが基本だが、これ以外に**重箱読み**と**湯桶読み**がある。

・音読み＋音読み…上下とも音読み。

例 貴重《きちょう》・呼吸《こきゅう》・減少《げんしょう》

・訓読み＋訓読み…上下とも訓読み。

例 紅花《べにばな》・針箱《はりばこ》・夕立《ゆうだち》

象形文字	ものの形を似せた絵がもとになってできたもの。 例 →山　→川　→雨　→門
指事文字	形のないものを点や線などの記号で表したもの。 例 →上　→下　→中　→本
会意文字	二つ以上の漢字を組み合わせて、新しい意味をもたせたもの。 例 木＋木→林　人＋立→位　夕＋口→名
形声文字	音を表す漢字と意味を表す漢字を組み合わせてできたもの。漢字の数は多い。 例 日(意味)＋青(音)→晴

深めるチェック　漢字の組み立てと種類

☑**漢字の部首**…ほかの漢字と共通する部分。

①へん	字の左側　例 扌《てへん》―指・持・探
②つくり	字の右側　例 頁《おおがい》―頂・順・預
③かんむり	字の上側　例 宀《うかんむり》―守・完・宗
④あし	字の下側　例 儿《ひとあし》―元・先・党
⑤にょう	左から下へ　例 廴《えんにょう》―建・延
⑥たれ	上から左へ　例 厂《がんだれ》―原・厚
⑦かまえ	字の周りを囲む　例 囗《くにがまえ》―国・因

プラス　音符と意符

形声文字は、**音を表す**部分(**音符**《おんぷ》)と**意味を表す**部分(**意符**《いふ》)が組み合わさってできている。

①「亻《にんべん》」…**人の動作や状態**に関係する。
例 供《きょう》→意符＝亻、音符＝共

②「扌《てへん》」…**手や手の動作**に関係する。
例 担《たん》→意符＝扌、音符＝旦《たん》

③「氵《さんずい》」…**水や液体**に関係する。
例 泳→意符＝氵、音符＝永

表現力アップ

Q 次の漢字の部首名をあとから選んで答えなさい。

①医(イ)　②域《いき》(ア)　③類(カ)　④階(オ)
⑤庁《ちょう》(ウ)　⑥盟《めい》(エ)

ア つちへん　**イ** はこがまえ　**ウ** まだれ
エ さら　**オ** こざとへん　**カ** おおがい

01 文字の起こりと漢字の部首

ココ大事！

★一字一字が意味をもつ表意文字と一字一字が音声だけを表す表音文字がある。

★漢字には象形《しょうけい》文字・指事《しじ》文字・会意《かいい》文字・形声《けいせい》文字などがあり、それぞれに必ず部首がある。

深めるチェック 文字の起こり

☑**文字の種類**…現在用いられている文字には、表音文字である**ひらがな**・**かたかな**と、表意文字である**漢字**がある。

☑**漢字の歴史**…漢字は、今から約三千五百年前に**中国**でつくられた文字。絵文字から漢字へと発達してできた。

☑**仮名《かな》の誕生《たんじょう》**…奈良時代につくられた**万葉集《まんようしゅう》**では、漢字そのものに意味をもたせず、音を表すためだけに漢字を使った。これを**万葉仮名**という。

例 **あ**の音—「安・阿」 **い**の音—「以・伊」 **う**の音—「宇・烏」 **え**の音—「衣・得」 **お**の音—「於・意」

・**ひらがな**…万葉仮名のうち、画数が少なく易しいものをくずして書いてできた文字。

・**かたかな**…漢字の一部をとって書き表した文字。最初は漢字だけで書かれたものを読むときの補助《ほじょ》の役割《やくわり》として使われていた。

☑**漢字の成り立ち**…漢字は、成り立ちから次の四つの種類に分けることができる。

＊ほかにも、使い方の種類として仮借《かしゃ》文字と転注《てんちゅう》文字がある。

国語

□ 編集協力　㈱エディット　㈲Key.B.C.　小南路子　徐幸子　大木富紀子　大木芙三子　出口明憲　中村江美　佐藤英徳　尾﨑恵理子
□ 英文校閲　Lucy Crowell
□ 本文デザイン　山口秀昭（Studio Flavor）
□ DTP　大寶製版㈱
□ 図版作成　大寶製版㈱　モリアート　角田正己
□ 写真提供　JICA　PIXTA　高台寺　神戸市　国立国会図書館　島根県立古代出雲歴史博物館　丹波篠山市　内閣府　新潟県長岡市教育委員会　日本製鉄㈱　姫路市　広島県　文化庁　防衛省　宮古市　メトロポリタン美術館　山口県文書館
□ イラスト　加納徳博　ホンマヨウヘイ　林拓海
□ 録音　ティー・オー・シー㈱

シグマベスト
小6 全科キソまとめ

編　者　文英堂編集部
発行者　益井英郎
印刷所　岩岡印刷株式会社
発行所　株式会社文英堂
〒601-8121　京都市南区上鳥羽大物町28
〒162-0832　東京都新宿区岩戸町17
(代表)03-3269-4231

●落丁・乱丁はおとりかえします。

②